山东省区域科技创新能力评价报告 2024

山东省创新发展研究院 著

科学技术文献出版社
·北京·

图书在版编目（CIP）数据

山东省区域科技创新能力评价报告 . 2024 / 山东省创新发展研究院著 . -- 北京：科学技术文献出版社，2025.5. -- ISBN 978-7-5235-2479-4

Ⅰ . F124.3

中国国家版本馆 CIP 数据核字第 2025MF2632 号

山东省区域科技创新能力评价报告2024

| 策划编辑：张 丹 | 责任编辑：邱晓春 | 责任校对：王瑞瑞 | 责任出版：张志平 |

出 版 者	科学技术文献出版社
地 　 址	北京市复兴路15号　邮编 100038
出 版 部	（010）58882952，58882087（传真）
发 行 部	（010）58882868，58882870（传真）
官方网址	www.stdp.com.cn
发 行 者	科学技术文献出版社发行　全国各地新华书店经销
印 刷 者	北京地大彩印有限公司
版 　 次	2025年5月第1版　2025年5月第1次印刷
开 　 本	889×1194　1/16
字 　 数	140千
印 　 张	8.75
审 图 号	鲁SG（2025）024号
书 　 号	ISBN 978-7-5235-2479-4
定 　 价	88.00元

版权所有　违法必究

购买本社图书，凡字迹不清、缺页、倒页、脱页者，本社发行部负责调换

《山东省区域科技创新能力评价报告2024》编辑委员会

主　任　刘　峰

副主任　王　文　于　浩　袁清昌

委　员　徐文东　张　敬　闫　峰

执笔人　郭梦萦　刘颖莹　王兴卓　贾辛欣　李惠玲

前 言

2023年，面对错综复杂的国际环境和诸多困难挑战，山东省坚持以习近平新时代中国特色社会主义思想为指导，全面贯彻党的二十大精神，加快实现高水平科技自立自强，全力推动全省科技工作实现新突破，科技创新质量和效益进一步提升。

山东省坚持以科技创新为引领，聚焦标志性产业链卡点、堵点，系统布局重大科技攻关任务，大力推动传统产业改造提升、新兴产业培育壮大、未来产业超前布局，因地制宜发展新质生产力。在强化企业主体地位上，一方面支持链主企业联合产学研力量开展协同攻关，另一方面重点扶持研发投入占比高、复合增长率高、市场占有率高、拥有核心"硬科技""三高一核心"的中小企业，形成龙头引领与高成长企业协同共进的创新生态，为区域发展注入强劲动能。

区域科技创新是地区科技创新体系的重要支撑，既是促进区域协调发展的必然要求，也是孕育新质生产力的关键载体，在完善创新生态、推动发展动能转换中意义重大。为剖析全省区域科技创新的现状，评估全省创新生态建设成效，山东省创新发展研究院完成了2024年区域创新评价相关工作，并形成了《山东省区域科技创新能力评价报告2024》（以下简称《报告》）。

《报告》评价指标体系由5个一级指标和33个二级指标组成。其中，一级指标分别为创新投入、创新产出、企业创新、创新环境和创新驱动，根据政府统计制度变化、数据可获得性等最新情况，对部分二级指标进行调整。《报告》评价方法采用综合指数评价法，并引用官方最新权威数据。《报告》共分3个部分：第一部分是全省科技创新基本情况评价，包括全省科技创新总体情况评价、区域综合科技创新水平评价。第二部分是区域科技创新各级指标评价，包括区域科技创新一级指标评价和区域科技创新二级指标评价等内容。第三部分是区域综合科技创新水平分析，包括全省16市科技创新发展情况、创新发展主要指标及位次等内容。

《报告》标题中的"2024"指的是报告发布年份，报告所用数据标注为"当年"的均为2023年数据；标注为"上年"的均为2022年数据。《报告》中涉及的GDP

及相关指标，均采用第五次全国经济普查修订前数据，与《山东统计年鉴2024》保持一致，特此说明。

《报告》尊重原始数据，力求客观公正，是山东省创新发展研究院连续第七年出版的研究成果。《报告》得到山东省科技厅、山东省统计局、山东省工业和信息化厅、山东省市场监管局等有关方面的大力支持。

由于时间紧迫，经验有限，《报告》虽然数易其稿，但难免有不尽如人意之处，恳请各界在参阅过程中批评指正，以便我们今后加以改进。

《山东省区域科技创新能力评价报告2024》编辑委员会
2025年3月

目 录

第一部分 全省科技创新基本情况评价 ········· 1

一、全省科技创新总体情况评价 ········· 1
二、区域综合科技创新水平评价 ········· 4

第二部分 区域科技创新各级指标评价 ········· 11

一、区域科技创新一级指标评价 ········· 11
二、区域科技创新二级指标评价 ········· 21

第三部分 区域综合科技创新水平分析 ········· 67

一、济南市 ········· 67
二、青岛市 ········· 71
三、淄博市 ········· 75
四、枣庄市 ········· 79
五、东营市 ········· 83
六、烟台市 ········· 87

七、潍坊市 ··· 91

八、济宁市 ··· 95

九、泰安市 ··· 99

十、威海市 ··· 103

十一、日照市 ··· 107

十二、临沂市 ··· 111

十三、德州市 ··· 115

十四、聊城市 ··· 119

十五、滨州市 ··· 123

十六、菏泽市 ··· 127

第一部分　全省科技创新基本情况评价

一、全省科技创新总体情况评价

2023年是全面贯彻党的二十大精神的开局之年，也是三年新冠疫情防控转段后经济恢复发展的一年。全省上下坚决落实习近平总书记对山东工作的重要指示要求，深入实施创新驱动发展战略，山东省区域创新能力实现新突破，在科技产业融合、产学研协同等方面成效明显。

（一）总体评价特点

一是综合科技创新水平持续提升。综合评价显示，山东省综合科技创新水平指数达到72.85%，较上年提高了1.70个百分点[①]。

二是科技创新对产业升级的支撑引领作用日益凸显。在数字技术、绿色技术的推动下，传统产业智能化、绿色化转型步伐加快，智能制造、数字经济等新业态蓬勃发展。2023年，全省数字经济规模达4.3万亿元，占GDP比重超47%，较上年提升2个百分点；"四新"经济增加值占比持续提高，较上年提升1.1个百分点；高新技术产品出口值达1425.61亿元，同比增长7.20%，创新链与产业链的深度融合为经济高质量发展注入了强劲动能。

三是产学研协同创新取得明显成效。2023年，高校和研究机构R&D经费中企业资金达247.33亿元，同比增长16.35%，占比提升至26.83%。创新成果加速转化，全省高价值发明专利拥有量达87 076件，较上年增加2万余件；每亿元GDP技术

---

① 数据为精确计算所得，差额0.01因四舍五入产生。余同。

合同成交额达 499.88 万元，较上年增加 128.09 万元，更多科技成果从"实验室"走向"生产线"，产学研协同创新成效显著。

（二）从一级指标分析呈现的特点

一是创新投入呈现持续增长趋势。全社会研发经费实现迅猛增长，总额达 2386.02 亿元，其中基础研究经费达到 100 亿元的规模，创新基础进一步巩固。全省每万名就业人员中研发人员数达到 108.19 人年/万人，新引进顶尖人才 5 人，认定泰山系列人才 473 人，遴选国家和省级海外科技人才 276 人，遴选"外专双百计划"项目 120 个，资助海外工程师 100 人，为全省创新发展持续注入活力。

二是创新创业环境优化升级。全省创新环境指数达 75.97%，较上年提高 4.53 个百分点。全面落实各项惠企政策，为近 2 万家企业落实"研发投入后补助"等奖补资金超 14 亿元；大力推进大型仪器设备共享共用，为 1112 家企业发放创新券补助 1798.8 万元，不断激发中小微企业创新活力。高新技术企业总量突破 3.2 万家，居全国第 4 位。入库国家科技型中小企业数量突破 4.5 万家，同比增长 30%，居全国第 3 位。

三是创新驱动成效突出。全省创新驱动指数达 79.22%，较上年提高 8.70 个百分点。全省规上高新技术产业产值占规上工业产值比重达到 51.35%，同比提高 3.09 个百分点。节能降耗成果显著，万元 GDP 综合能耗较上年下降 6.69%。经济结构优化升级，"四新"经济增加值占 GDP 比重达 34.0%。全员劳动生产率较上年提高 0.74 万元/人。

四是创新产出结构持续优化。全省创新产出更加注重成果质量和市场价值，高价值专利和高端产品占比显著提高。其中，每万人高价值发明专利拥有量达 8.57 件，高新技术产品出口值占商品出口总值比重提升至 7.34%，较上年增长 0.57 个百分点，反映出创新成果的市场竞争力和国际影响力不断增强。虽然科研论文数量有所回调，但创新资源正加速向具有市场价值和产业带动力的重点领域集聚，为高质量发展奠定了更加坚实的创新基础。

五是企业创新效益稳步增强。全省企业创新保持稳健发展态势，规模以上工业企业 R&D 经费支出占营业收入比重达 1.62%，新产品销售收入占比超过 40%，充分展现了企业创新的市场转化能力和研发创新能力。在企业创新提质增效的发展过程中，虽然参与研发的企业数量有所调整，但创新要素配置不断优化，有利于提升整体创新效能。当前，企业创新正从规模扩张向质量提升转变，创新活动的集约化、高效化特征日益显现。

（三）总体评价中发现的问题

一是创新人才引育仍需发力。研发人员是科技创新的基础力量。数据显示，不仅全社会研究人员的占比下降，而且规上工业企业中研发人员占比也出现下降。

二是企业研发创新动力需持续激发。全省有研发活动的规上工业企业数及占比出现双下降。主要是有研发活动的小微企业减少，企业研发活动强度下降。

三是高质量科技产出成果与先进省份尚有差距。2023年，全省每万人高价值发明专利拥有量8.57件，虽较上年有所增长，但与全国平均水平（11.8件）仍有一定差距，且低于广东（25.11件）、江苏（23.24件）、浙江（16.6件）。全省PCT国际专利申请量2336件，较上年下降1000余件，远低于广东（23 676件）、江苏（6547件）、浙江（4364件）。此外，山东省在高端科研机构、高水平人才团队及创新型企业集聚方面存在不足，影响了高质量科技成果的产出（表1-1）。

表1-1 2022年和2023年山东省科技创新评价指标值比较情况

指标名称	指标值 2022年	指标值 2023年
综合科技创新水平指数（%）	71.14	72.85
创新投入指数（%）	62.65	66.01
全社会R&D经费支出（亿元）	2180.41	2386.02
全社会R&D经费支出占GDP比重（%）	2.49	2.59
地方财政科技支出占一般公共预算支出的比重（%）	2.58	2.56
基础研究经费支出占R&D经费支出的比重（%）	4.11	4.19
R&D人员全时当量（万人年）	51.45	58.10
每万名就业人员中研发人员数（人年）	96.38	108.19
R&D人员中研究人员占比（%）	35.38	34.95
创新产出指数（%）	73.20	68.00
每亿元GDP技术合同成交额（万元）	371.79	499.88
每万人高价值发明专利拥有量（件）	6.50	8.57
万名研究人员科技论文数（篇）	6495.38	6081.46
每亿元R&D经费支出发明专利授权数（件）	22.33	23.18
高新技术产品出口值（亿元）	1329.89	1425.61
高新技术产品出口值占商品出口总值比重（%）	6.77	7.34

续表

指标名称	指标值	
	2022年	2023年
企业创新指数（%）	78.03	75.26
规上工业企业R&D经费支出占营业收入比重（%）	1.59	1.62
规上工业企业R&D人员占规上工业企业从业人员比重（%）	10.27	9.72
有研发活动的规上工业企业数（家）	17 793	13 950
有研发活动的规上工业企业占规上工业企业比重（%）	50.37	35.34
规上工业企业新产品销售收入（亿元）	37 847.17	47 124.59
规上工业企业新产品销售收入占营业收入比重（%）	34.71	40.74
每万名规上工业企业R&D人员发明专利拥有量（件）	3320.15	3520.51
高校和研究机构R&D内部支出中企业资金占比（%）	23.58	26.83
创新环境指数（%）	71.44	75.97
每名R&D人员仪器和设备支出（万元）	2.59	2.64
高新技术企业数（家）	26 778	超3.2万
每万家企业法人单位中高新技术企业数（家）	83.60	103.74
科学研究和技术服务业平均工资比较系数（%）	125.15	119.35
实际使用外资金额占GDP比重（%）	1.76	1.34
享受研发费用加计扣除减免税政策的规上工业企业占规上工业企业的比重（%）	22.47	26.03
创新驱动指数（%）	70.52	79.22
全员劳动生产率（万元/人）	16.41	17.15
科学研究和技术服务业增加值占GDP比重（%）	2.10	2.17
"四新"经济增加值占GDP比重（%）	32.9	34.0
万元GDP综合能耗较上年下降率（%）	3.79	6.69
规上高新技术产业产值占规上工业产值比重（%）	48.26	51.35

二、区域综合科技创新水平评价

（一）16市综合评价情况

从16市评价结果看，青岛、济南创新水平遥遥领先，烟台、淄博、威海、潍坊、东营、济宁、泰安等7市稳居前列，形成骨干城市带动、城市间优势互补、协同发展的良好格局。

一是济南和青岛双核创新能级稳步提升。根据世界知识产权组织、康奈尔大学发布的《全球创新指数2024》，青岛、济南双双入围全球百强科技创新集群，其中青岛、济南分别排在全球科技集群第 20 位、第 49 位，较 2023 年分别上升 3 个位次、6 个位次。从 16 市综合创新水平指数来看，青岛在企业创新、创新环境等方面居全省第 1 位。济南在创新投入和创新产出方面占据优势，两市总指数均较上年有较大增长。

二是创新引领格局趋于稳定。近年来，各市持续推动科技创新，青岛、济南、烟台、淄博、威海、潍坊、东营综合创新水平指数稳居全省前 7 位，7 市均为国家创新型城市，创新领先格局趋于稳定。

从 16 市综合科技创新水平指数来看（图 1-1），整体呈现上升态势，按照指数高低，可以将 16 市划分为 4 类。

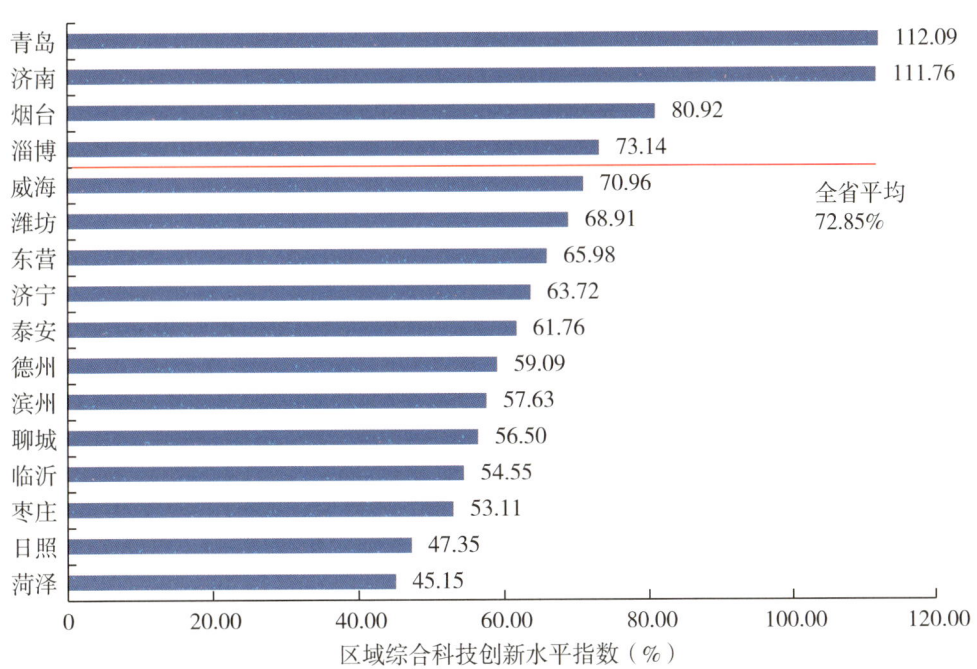

图 1-1 区域综合科技创新水平指数

第一类：青岛、济南。综合科技创新水平指数超过 110%，分列全省前两位。

第二类：烟台、淄博。综合科技创新水平指数超过全省平均水平（72.85%），但低于青岛、济南。

第三类：威海、潍坊、东营、济宁、泰安、德州、滨州、聊城、临沂、枣庄。综合科技创新水平指数低于全省平均水平，但高于 50%。

第四类：日照、菏泽。综合科技创新水平指数低于 50%。

三是各市间综合科技创新水平差异系数缩小。经测算，全省 16 市综合科技创新水平的差异系数为 29.04%，较上年下降 0.01 个百分点。从三大经济圈来看，胶东经济圈差异系数最大，达到 31.00%，较上年提高了 1.09 个百分点，鲁南经济圈差异系数最小，为 14.06%（表 1-2）。

表 1-2　区域综合科技创新水平差异系数

地　　区	差异系数（%）	
	当年	上年
各市之间	29.04	29.05
省会经济圈	28.14	28.07
胶东经济圈	31.00	29.91
鲁南经济圈	14.06	13.30

（二）各区域综合科技创新水平评价

1. 三大经济圈协同发展持续推进

（1）省会经济圈

省会经济圈科技创新发展呈现强劲态势，在研发投入强度、基础研究投入、技术市场交易等方面领跑全省，通过激发企业活力、深化区域协同、优化创新生态，科技创新综合实力进一步提升。

在创新投入方面，省会经济圈全社会 R&D 经费支出 1028.75 亿元，占 GDP 比重达 2.99%，较上年提高 0.06 个百分点。基础研究经费支出占 R&D 经费支出的比重达 5.05%，比全省平均水平高 0.86 个百分点。地方财政科技支出占一般公共预算支出的比重低于全省平均水平。

在创新产出方面，省会经济圈每亿元 GDP 技术合同成交额、高新技术产品出口值占商品出口总值比重均高于其他经济圈。研究人员人均科技论文产出数量高于全省平均水平，发明专利产出效率低于全省平均水平。

在企业创新方面，省会经济圈规上工业企业研发人力投入强度、R&D 人员人均发明专利拥有量均高于全省平均水平。规上工业企业新产品销售收入占营业收入比重低于其他经济圈。

在创新环境方面，省会经济圈每名 R&D 人员仪器和设备支出较上年增长 0.07 万元。高新技术企业数达 12 965 家，每万家企业法人单位中高新技术企业数为

113.50家。享受研发费用加计扣除减免税政策的规上工业企业占规上工业企业的比重低于其他经济圈。

在创新驱动方面，省会经济圈全员劳动生产率为17.91万元/人，较全省平均水平高0.76万元/人。科学研究和技术服务业增加值占GDP比重为2.48%，高于全省平均水平0.31个百分点。

（2）胶东经济圈

胶东经济圈科技创新发展呈现协同突破态势，加速构建东部沿海创新型经济高地。研发人力投入、高新技术产品出口及专利产出等方面优势显著，区域协同创新向纵深推进。

在创新投入方面，胶东经济圈全社会R&D经费支出较上年增长82.72亿元，增量高于其他两大经济圈。R&D人员中研究人员占比37.57%，每万名就业人员中研发人员数133.87人年，较上年增长8.36人年。但研发投入强度、地方财政科技支出占一般公共预算支出的比重、基础研究经费支出占R&D经费支出的比重均低于全省平均水平。

在创新产出方面，胶东经济圈每亿元R&D经费支出发明专利授权数为27.05件，高于其他两大经济圈。高新技术产品出口值占商品出口总值比重为7.91%，较上年提高0.91个百分点。每亿元GDP技术合同成交额低于其他经济圈。

在企业创新方面，胶东经济圈每万名规上工业企业R&D人员发明专利拥有量、规上工业企业研发投入强度均高于全省平均水平。规上工业企业R&D人员占规上工业企业从业人员比重较上年下降0.72个百分点。

在创新环境方面，胶东经济圈每名R&D人员仪器和设备支出高于全省平均水平。每万家企业法人单位中高新技术企业数、实际使用外资金额占GDP比重、享受研发费用加计扣除减免税政策的规上工业企业占规上工业企业的比重均高于其他经济圈。

在创新驱动方面，胶东经济圈全员劳动生产率为22.04万元/人，高于其他两大经济圈。科学研究和技术服务业增加值占GDP比重为2.32%，较上年提高0.09个百分点。

（3）鲁南经济圈

鲁南经济圈依托资源禀赋与产业基础，以创新驱动为核心，加速构建"政产学研金服用"融合创新体系。高新技术企业数同比增长32.34%，科技创新正成为区域经济高质量发展的核心引擎。

在创新投入方面，鲁南经济圈研发投入及研发投入强度、研发人力投入强度均较上年实现较大增长。地方财政科技支出占一般公共预算支出的比重较低。

在创新产出方面，鲁南经济圈每亿元GDP技术合同成交额、高新技术产品出口值占商品出口总值比重较上年均有提升。研究人员人均科技论文数、每亿元R&D经费支出发明专利授权数低于全省平均水平。

在企业创新方面，鲁南经济圈规上工业企业研发投入强度较上年提高0.09个百分点。有研发活动的规上工业企业占规上工业企业比重、高校和研究机构R&D内部支出中企业资金占比均高于其他两大经济圈。每万名规上工业企业R&D人员发明专利拥有量低于全省平均水平。

在创新环境方面，鲁南经济圈享受研发费用加计扣除减免税政策的规上工业企业占规上工业企业的比重、每万家企业法人单位中高新技术企业数均较上年提高。每名R&D人员仪器和设备支出较上年下降0.71万元。

在创新驱动方面，鲁南经济圈全员劳动生产率为10.99万元/人，较上年增长0.51万元。科学研究和技术服务业增加值占GDP比重为1.24%，较上年提高0.04个百分点。

2023年三大经济圈科技创新主要指标值比较情况如表1-3所示。

表1-3　2023年三大经济圈科技创新主要指标值比较情况

指标名称	指标值		
	省会经济圈	胶东经济圈	鲁南经济圈
全社会R&D经费支出（亿元）	1028.75	1008.99	348.28
全社会R&D经费支出占GDP比重（%）	2.99	2.56	1.91
地方财政科技支出占一般公共预算支出的比重（%）	1.95	2.41	0.95
基础研究经费支出占R&D经费支出的比重（%）	5.05	4.10	1.92
R&D人员全时当量（万人年）	23.19	23.95	10.96
每万名就业人员中研发人员数（人年）	120.71	133.87	66.02
R&D人员中研究人员占比（%）	36.24	37.57	26.47
每亿元GDP技术合同成交额（万元）	598.56	420.52	485.37
万名研究人员科技论文数（篇）	6746.95	6523.54	2783.79
每亿元R&D经费支出发明专利授权数（件）	21.95	27.05	15.62
高新技术产品出口值占商品出口总值比重（%）	8.58	7.91	3.42
规上工业企业R&D经费支出占营业收入比重（%）	1.64	1.82	1.43
规上工业企业R&D人员占规上工业企业从业人员比重（%）	10.39	9.88	9.19

续表

指标名称	指标值		
	省会经济圈	胶东经济圈	鲁南经济圈
有研发活动的规上工业企业数（家）	4893	4862	4195
有研发活动的规上工业企业占规上工业企业比重（%）	35.98	32.90	37.82
规上工业企业新产品销售收入（亿元）	19 494.32	18 243.99	9386.28
规上工业企业新产品销售收入占营业收入比重（%）	40.82	42.81	43.82
每万名规上工业企业R&D人员发明专利拥有量（件）	3817.53	4128.77	1853.13
高校和研究机构R&D内部支出中企业资金占比（%）	27.91	24.62	35.35
每名R&D人员仪器和设备支出（万元）	2.69	2.82	2.13
高新技术企业数（家）	12 965	15 103	5160
每万家企业法人单位中高新技术企业数（家）	113.50	116.28	67.74
实际使用外资金额占GDP比重（%）	1.30	1.47	1.14
享受研发费用加计扣除减免税政策的规上工业企业占规上工业企业的比重（%）	24.74	28.17	24.78
全员劳动生产率（万元/人）	17.91	22.04	10.99
科学研究和技术服务业增加值占GDP比重（%）	2.48	2.32	1.24

2. 沿黄九市科技创新成效显著

近年来，沿黄九市以黄河流域生态保护和高质量发展战略为引领，聚焦绿色低碳与产业升级，全社会R&D经费支出占GDP比重达2.68%，高新技术企业数量突破1.5万家，技术合同成交额超2500亿元，沿黄科创走廊建设加速推进，初步形成"生态优先、链群协同、全域联动"的创新发展格局。

在创新投入方面，2023年沿黄九市全社会R&D经费支出1190.66亿元。地方财政科技支出占一般公共预算支出的比重较上年提高0.16个百分点。基础研究经费支出占R&D经费支出的比重高于全省平均水平。每万名就业人员中研发人员数投入强度、R&D人员中研究人员占比均低于全省平均水平。

在创新产出方面，2023年沿黄九市每亿元GDP技术合同成交额567.49万元，较上年增长143.97万元。万名研究人员科技论文数6244.47篇，比全省平均水平高约163篇。每亿元R&D经费支出发明专利授权数21.21件，比全省平均水平低1.97件。

在企业创新方面，2023年沿黄九市规上工业企业研发人力投入强度高于全省平均水平。规上工业企业研发经费总量较上年增长8.00%，规上工业企业研发投入强度低于全省平均水平。

在创新环境方面，2023年沿黄九市高新技术企业数突破1.5万家，享受研发费用加计扣除减免税政策的规上工业企业占规上工业企业的比重较上年提高 4.21 个百分点。实际使用外资金额占 GDP 比重低于全省平均水平。

在创新驱动方面，2023 年沿黄九市全员劳动生产率为 15.88 万元/人，较上年增长 0.63 万元/人。科学研究和技术服务业增加值占 GDP 比重为 2.23%，较全省平均水平高 0.06 个百分点。

2022 年和 2023 年沿黄九市科技创新主要指标值比较情况如表 1-4 所示。

表 1-4　2022 年和 2023 年沿黄九市科技创新主要指标值比较情况

指标名称	指标值	
	2022 年	2023 年
全社会 R&D 经费支出（亿元）	1089.74	1190.66
全社会 R&D 经费支出占 GDP 比重（%）	2.58	2.68
地方财政科技支出占一般公共预算支出的比重（%）	1.51	1.67
基础研究经费支出占 R&D 经费支出的比重（%）	4.18	4.69
R&D 人员全时当量（万人年）	25.22	28.92
每万名就业人员中研发人员数（人年）	90.94	103.49
R&D 人员中研究人员占比（%）	35.23	34.44
每亿元 GDP 技术合同成交额（万元）	423.52	567.49
万名研究人员科技论文数（篇）	6557.43	6244.47
每亿元 R&D 经费支出发明专利授权数（件）	20.12	21.21
高新技术产品出口值占商品出口总值比重（%）	7.76	7.61
规上工业企业 R&D 经费支出占营业收入比重（%）	1.52	1.57
规上工业企业 R&D 人员占规上工业企业从业人员比重（%）	10.72	10.21
有研发活动的规上工业企业数（家）	8831	6973
有研发活动的规上工业企业占规上工业企业比重（%）	52.49	37.07
规上工业企业新产品销售收入（亿元）	19 928.66	24 524.39
规上工业企业新产品销售收入占营业收入比重（%）	35.13	41.31
每万名规上工业企业 R&D 人员发明专利拥有量（件）	3225.95	3278.65
高校和研究机构 R&D 内部支出中企业资金占比（%）	23.29	28.27
每名 R&D 人员仪器和设备支出（万元）	2.71	2.65
高新技术企业数（家）	12 226	15 397
每万家企业法人单位中高新技术企业数（家）	80.75	101.70
实际使用外资金额占 GDP 比重（%）	1.47	1.27
享受研发费用加计扣除减免税政策的规上工业企业占规上工业企业的比重（%）	22.46	26.66
全员劳动生产率（万元/人）	15.24	15.88
科学研究和技术服务业增加值占 GDP 比重（%）	2.17	2.23

第二部分 区域科技创新各级指标评价

一、区域科技创新一级指标评价

（一）创新投入评价

2023年，山东省创新投入指数居前10位的市依次是济南、青岛、烟台、淄博、潍坊、滨州、东营、济宁、德州、泰安，其中，济南、青岛、烟台、淄博4个市高于全省平均水平（图2-1）。与上年相比，济南、淄博、泰安、济宁、临沂创新投入指数提高幅度较大，均超过5个百分点（图2-2）。

相较于上年，2023年济宁、临沂创新投入指数位次上升较多，均较上年上升2位。其中，济宁R&D人员全时当量和地方财政科技支出实现较快增长，R&D人员全时当量位次较上年上升1位、每万名就业人员中研发人员数位次较上年上升2位、地方财政科技支出占一般公共预算支出的比重位次较上年上升1位；临沂地方财政科技支出占一般公共预算支出的比重、基础研究经费支出占R&D经费支出的比重、R&D人员全时当量及每万名就业人员中研发人员数、R&D人员中研究人员占比位次均较上年上升1位。淄博、潍坊、泰安、滨州创新投入指数位次均较上年上升1位。

2023年，创新投入指数位次下降最多的市是威海和东营，均较上年下降3位。其中，威海主要是因为全社会R&D经费支出及占GDP比重下降明显，且是全省唯一一个出现下降的市；同时，威海R&D人员全时当量位次下降较多，由上年的第9位下降至第12位；东营主要是因为地方财政科技支出占一般公共预算支出的比重、基础研究经费支出占R&D经费支出的比重、R&D人员中研究人员占比位次均较上年下降较多，分别下降5个、6个、6个位次。日照创新投入指数位次较上年下降

2位，主要原因是每万名就业人员中研发人员数、R&D人员中研究人员占比位次均较上年下降2位，R&D人员全时当量位次下降1位。

济南、青岛、烟台、德州、聊城、枣庄、菏泽创新投入指数位次无变动。

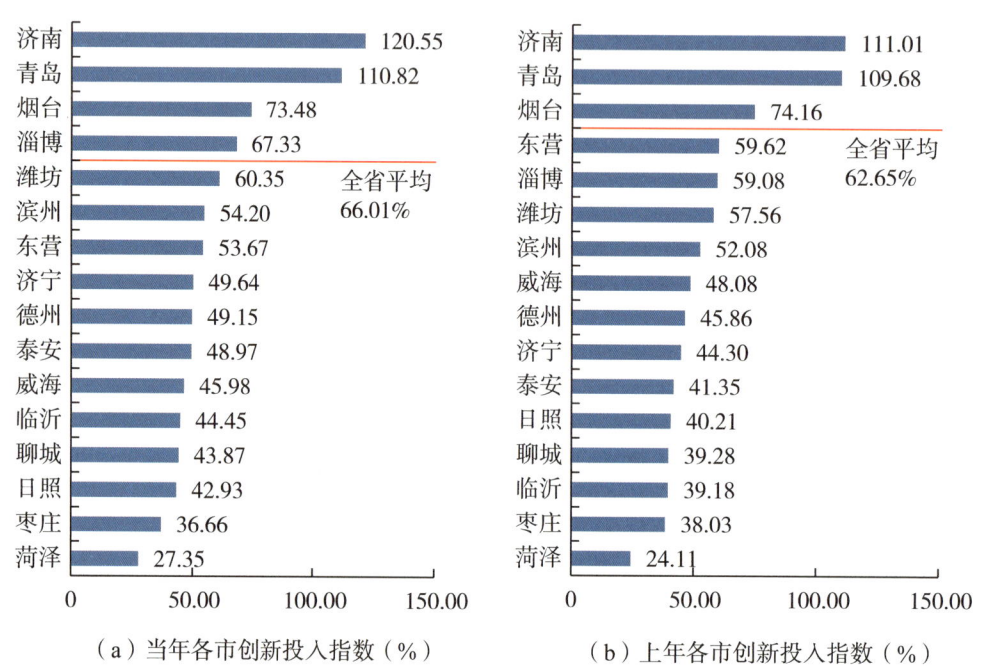

图 2-1 区域创新投入指数

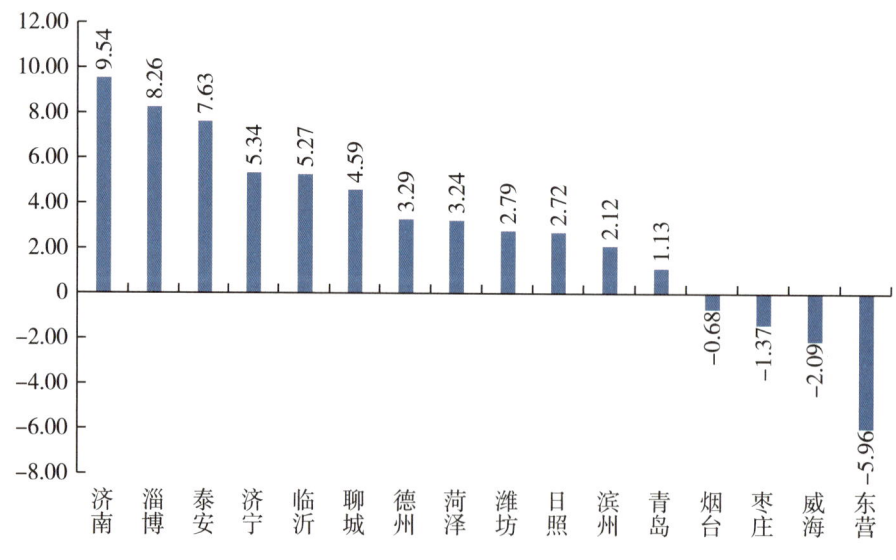

图 2-2 当年区域创新投入指数较上年提高的百分点

（二）创新产出评价

2023年，山东省创新产出指数居前10位的市依次是济南、青岛、潍坊、淄博、烟台、威海、东营、泰安、济宁、枣庄，其中，济南、青岛、潍坊3个市高于全省平均水平（图2-3）。与上年相比，济南、青岛、潍坊创新产出指数实现较快增长（图2-4）。

相较于上年，2023年东营创新产出指数位次上升最快，由上年的第11位上升至第7位，主要原因是东营每亿元GDP技术合同成交额增长较快，位次由上年的第9位上升至第7位；每万人高价值发明专利拥有量提高幅度居全省第4位，位次上升1位。其次是潍坊，创新产出指数位次较上年上升3位，主要是潍坊每亿元R&D经费支出发明专利授权数、高新技术产品出口值占商品出口总值比重增长较快，提高幅度均居全省首位。德州创新产出指数位次较上年上升2位，原因主要是每亿元R&D经费支出发明专利授权数位次上升较多，由上年的第16位上升至第13位；每亿元GDP技术合同成交额和万名研究人员科技论文数位次均较上年上升1位。济南创新产出指数位次较上年上升1位。

2023年，创新产出指数位次下降最多的市是烟台和日照，均较上年下降2位。其中，烟台主要是因为每亿元GDP技术合同成交额、每万人高价值发明专利拥有量位次均较上年下降1位，高新技术产品出口值较上年有所下降；日照则主要因为每亿元GDP技术合同成交额、每亿元R&D经费支出发明专利授权数下降较多，位次分别下降5位、2位。青岛、威海、泰安、济宁、枣庄、聊城创新产出指数位次均较上年下降1位。

淄博、滨州、临沂、菏泽创新产出指数位次无变动。

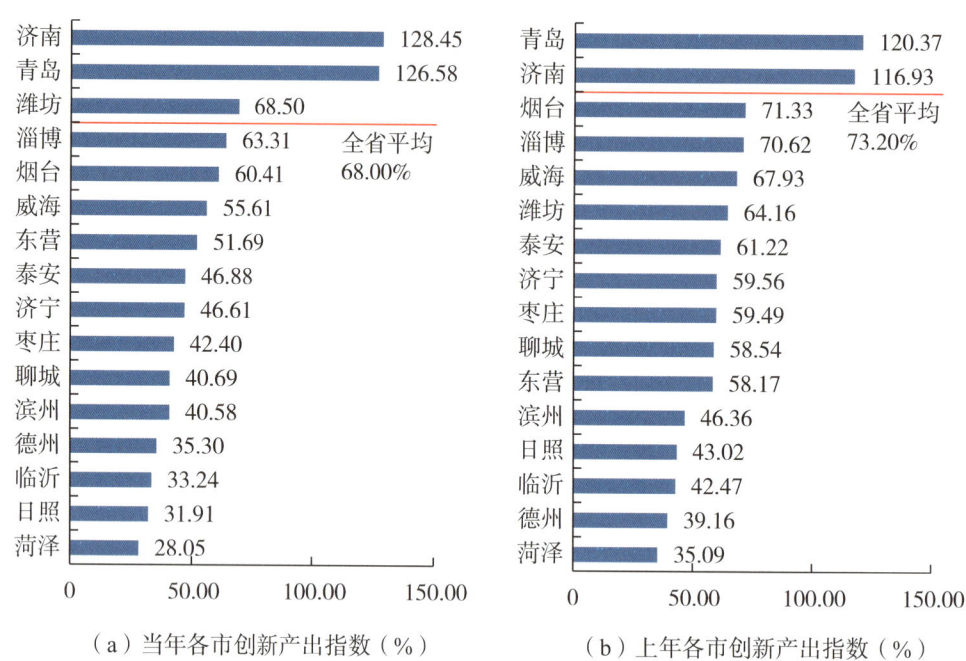

(a)当年各市创新产出指数(%)　　(b)上年各市创新产出指数(%)

图 2-3　区域创新产出指数

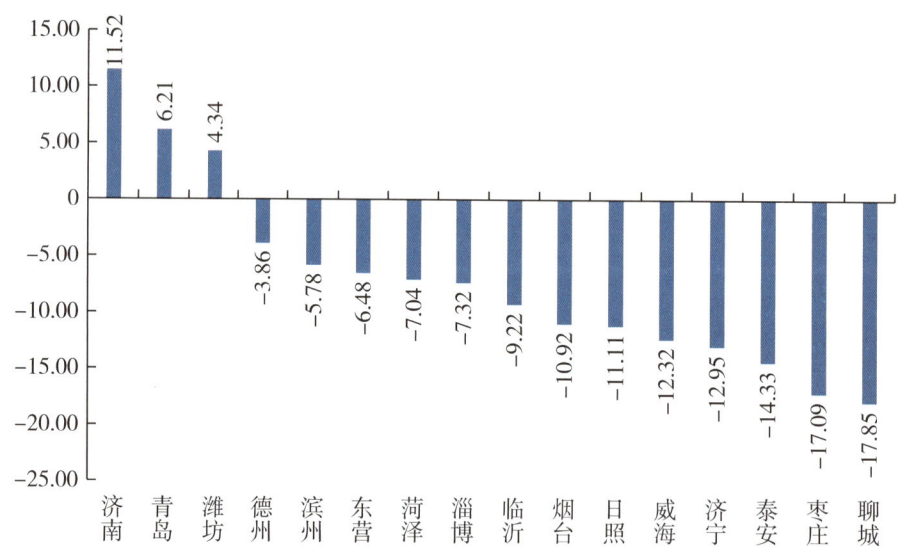

图 2-4　当年区域创新产出指数较上年提高的百分点

（三）企业创新评价

2023年，山东省企业创新指数居前10位的市依次是青岛、济南、德州、潍坊、烟台、临沂、威海、滨州、济宁、淄博，其中，青岛、济南、德州、潍坊、烟台、临沂、威海7个市高于全省平均水平（图2-5）。与上年相比，菏泽、济宁企业创新指数增长较快，提高幅度均超过5个百分点（图2-6）。

相较于上年，2023年企业创新指数位次上升最多的市是济宁和潍坊，均上升了3个位次。济宁主要是因为企业创新指标中除每万名规上工业企业R&D人员发明专利拥有量指标位次有所下降外，其余指标位次均实现增长；其中，有研发活动的规上工业企业占规上工业企业比重位次由上年的第11位上升至第2位，规上工业企业R&D人员占规上工业企业从业人员比重、规上工业企业新产品销售收入占营业收入比重位次均较上年上升了4位。潍坊企业创新指数位次上升的原因主要是规上工业企业R&D人员占规上工业企业从业人员比重位次较上年上升了4位，有研发活动的规上工业企业数量较上年上升了1位。临沂和菏泽企业创新指数位次均较上年上升了2位，其中，临沂主要是因为有研发活动的规上工业企业占规上工业企业比重、规上工业企业新产品销售收入占营业收入比重位次上升较多，分别较上年上升了6位、5位；菏泽则是主要因为有研发活动的规上工业企业占规上工业企业比重、规上工业企业R&D人员占规上工业企业从业人员比重位次上升较多，分别较上年上升了9位、4位。德州、烟台、滨州、东营企业创新指数位次均较上年上升1位。

2023年，企业创新指数位次下降最多的市是淄博，下降了5个位次，主要原因是企业创新指标中除每万名规上工业企业R&D人员发明专利拥有量位次有所上升外，其余指标位次均下降；其中，规上工业企业新产品销售收入占营业收入比重位次由上年的第3位下降至第14位，有研发活动的规上工业企业占规上工业企业比重位次由上年的第4位下降至第10位。其次是威海，企业创新指数位次较上年下降了4位，原因主要是规上工业企业R&D经费支出占营业收入比重和规上工业企业新产品销售收入占营业收入比重下降幅度全省最大，且规上工业企业R&D人员占规上工业企业从业人员比重、有研发活动的规上工业企业占规上工业企业比重位次下降较多。日照和聊城企业创新指数位次均较上年下降了2位，两市主要因为有研发活动的规上工业企业占规上工业企业比重、规上工业企业R&D人员占规上工业企业从业人员比重位次下降较多。泰安企业创新指数位次较上年下降了1位。青岛、济南、枣庄企业创新指数位次无变动。

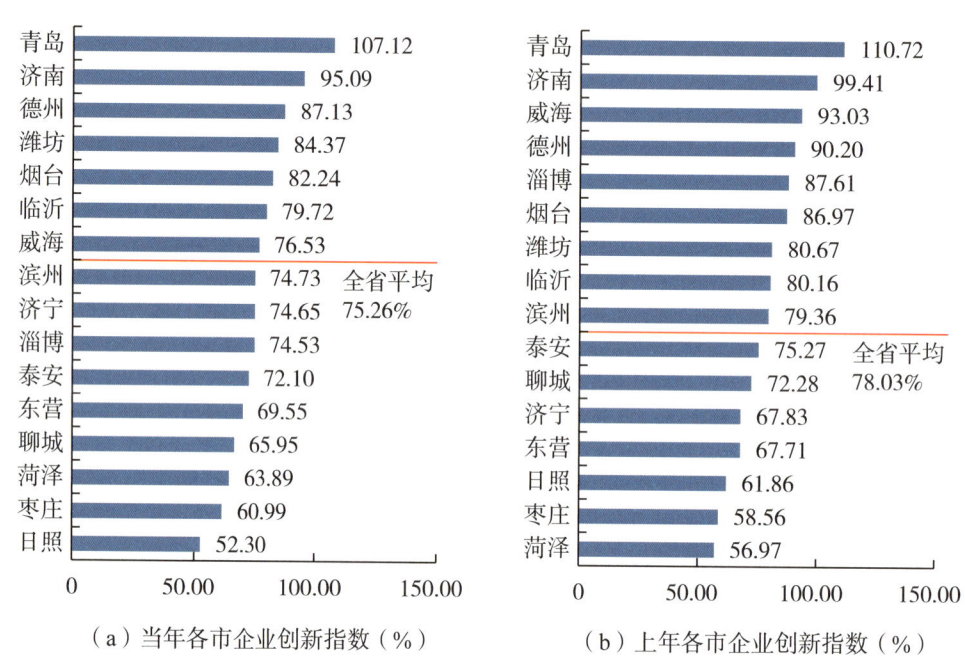

图 2-5 区域企业创新指数

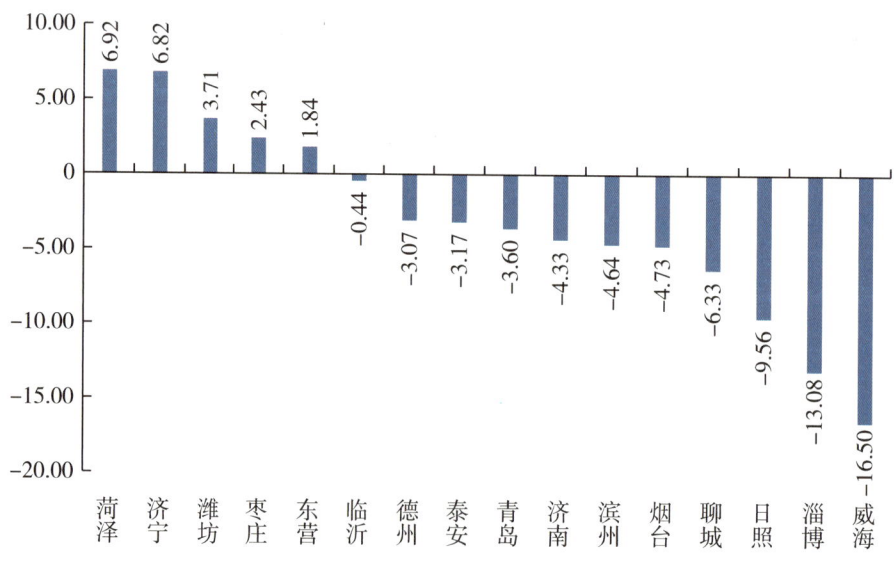

图 2-6 当年区域企业创新指数较上年提高的百分点

（四）创新环境评价

2023 年，山东省创新环境指数居前 10 位的市依次是青岛、济南、烟台、淄博、济宁、威海、东营、泰安、聊城、枣庄，其中，青岛、济南、烟台、淄博、济宁、威海 6 个市高于全省平均水平（图 2-7）。与上年相比，除潍坊、临沂创新环境指数略有下降外，其余市均实现增长，其中，济宁、烟台创新环境指数提高幅度超过 10 个百分点（图 2-8）。

相较于上年，2023 年创新环境指数位次上升最多的市是聊城，上升了 3 位，主要原因是每名 R&D 人员仪器和设备支出、实际使用外资金额占 GDP 比重位次上升较多，分别较上年上升了 7 位、6 位。其次是日照，创新环境指数位次上升了 2 位，主要是因为享受研发费用加计扣除减免税政策的规上工业企业占规上工业企业的比重位次较上年上升了 3 位，每名 R&D 人员仪器和设备支出、每万家企业法人单位中高新技术企业数位次均较上年上升了 1 位。烟台、济宁、滨州创新环境指数位次均较上年上升了 1 位。

2023 年，创新环境指数位次下降最多的市是临沂，较上年下降了 3 位，主要原因是每名 R&D 人员仪器和设备支出、实际使用外资金额占 GDP 比重位次下降明显，均较上年下降了 7 位；享受研发费用加计扣除减免税政策的规上工业企业占规上工业企业比重位次较上年下降了 2 位。其次是潍坊，创新环境指数位次较上年下降了 2 位，主要原因是每名 R&D 人员仪器和设备支出、实际使用外资金额占 GDP 比重位次下降较多，均较上年下降了 4 位；每万家企业法人单位中高新技术企业数位次较上年下降了 2 位。淄博、威海、枣庄创新环境指数位次均较上年下降了 1 位。

青岛、济南、东营、泰安、德州、菏泽创新环境指数位次无变动。

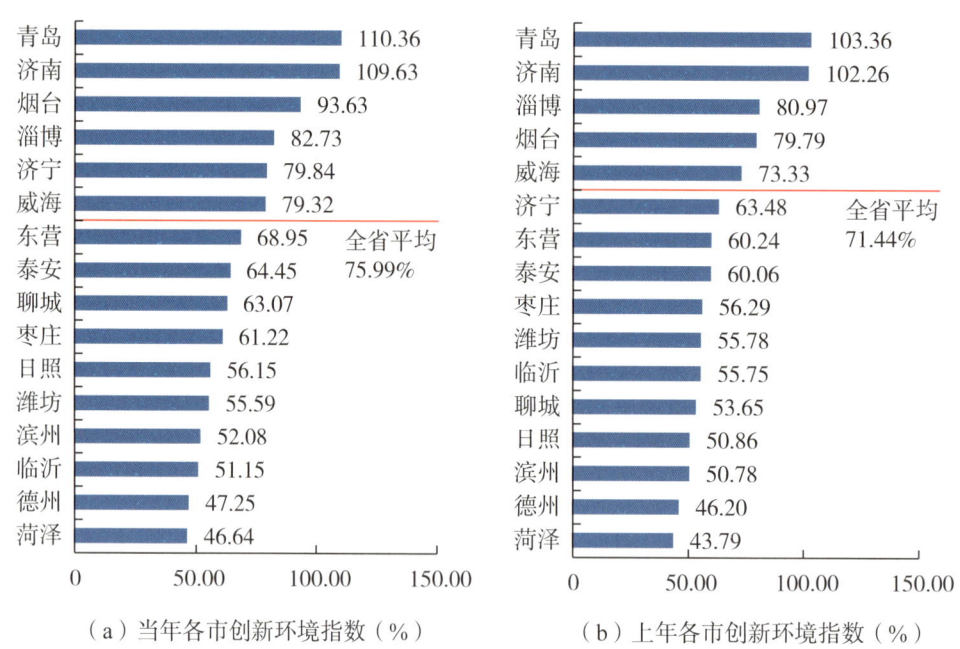

（a）当年各市创新环境指数（%）　　（b）上年各市创新环境指数（%）

图 2-7　区域创新环境指数

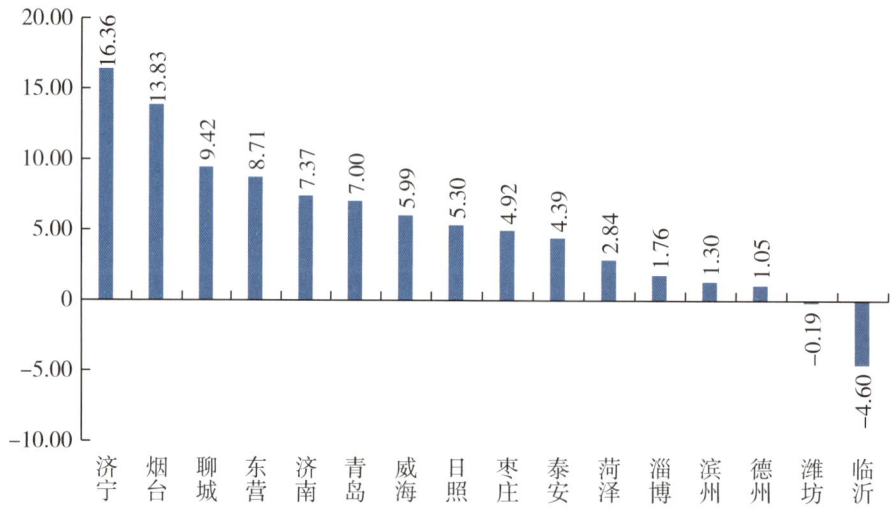

图 2-8　当年区域创新环境指数较上年提高的百分点

（五）创新驱动评价

2023年，山东省创新驱动指数居前10位的市依次是济南、青岛、威海、烟台、东营、淄博、泰安、德州、潍坊、聊城，其中，济南、青岛、威海、烟台、东营5个市高于全省平均水平（图2-9）。与上年相比，除济南创新驱动指数略有下降外，其余市均实现增长，其中，威海、烟台、泰安、聊城、德州、东营、潍坊、枣庄8个市创新驱动指数提高幅度均超过15个百分点（图2-10）。

相较于上年，2023年创新驱动指数位次上升最多的市是聊城，由上年的第14位上升至第10位，上升4位，主要原因是规上高新技术产业产值占规上工业产值比重提高幅度较大，位次较上年上升2位。其次是泰安，创新驱动指数位次较上年上升了2位，原因主要是"四新"经济增加值占GDP比重位次较上年上升了2位、规上高新技术产业产值占规上工业产值比重位次较上年上升了1位。威海、临沂创新驱动指数位次均较上年上升1位。

2023年，创新驱动指数位次下降最多的市是菏泽，较上年下降了3位，原因主要是菏泽创新驱动各指标提升幅度较小，以至于被聊城、枣庄、临沂赶超。其次是潍坊和滨州，创新驱动指数位次较上年下降了2位，其中，潍坊主要因为规上高新技术产业产值占规上工业产值比重位次下降2位、"四新"经济增加值占GDP比重位次下降1位；滨州全员劳动生产率、科学研究和技术服务业增加值占GDP比重、规上高新技术产业产值占规上工业产值比重位次均较上年下降1位。烟台创新驱动指数位次较上年下降1位。

济南、青岛、东营、淄博、德州、济宁、枣庄、日照创新驱动指数位次无变动。

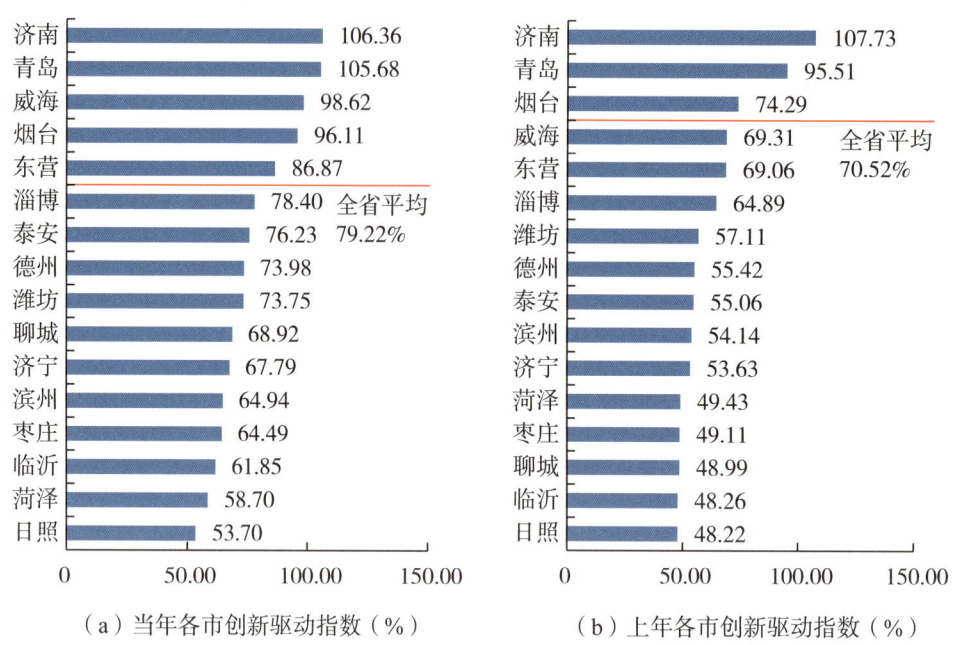

图 2-9 区域创新驱动指数

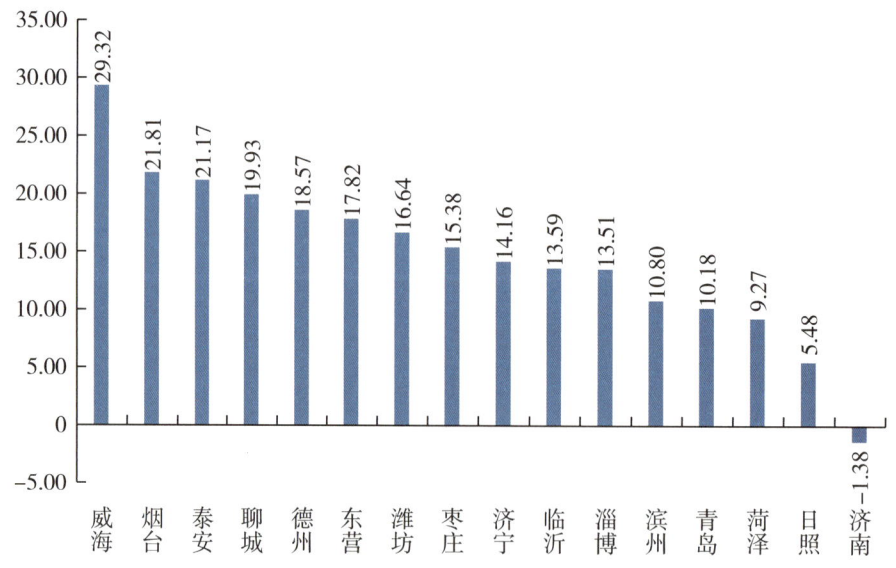

图 2-10 当年区域创新驱动指数较上年提高的百分点

二、区域科技创新二级指标评价

（一）全社会 R&D 经费支出

2023 年，山东省全社会 R&D 经费支出达 2386.02 亿元，同比增长 9.43%。从各市来看，青岛、济南、烟台、潍坊 4 个市全社会 R&D 经费支出超过 150 亿元，占全省比重达 51.21%。与上年相比，除威海全社会 R&D 经费支出略有下降外，其余 15 市均实现增长，其中，菏泽、烟台、枣庄、临沂、济宁、东营、泰安同比增长率均在 10% 以上（图 2-11 至图 2-13）。

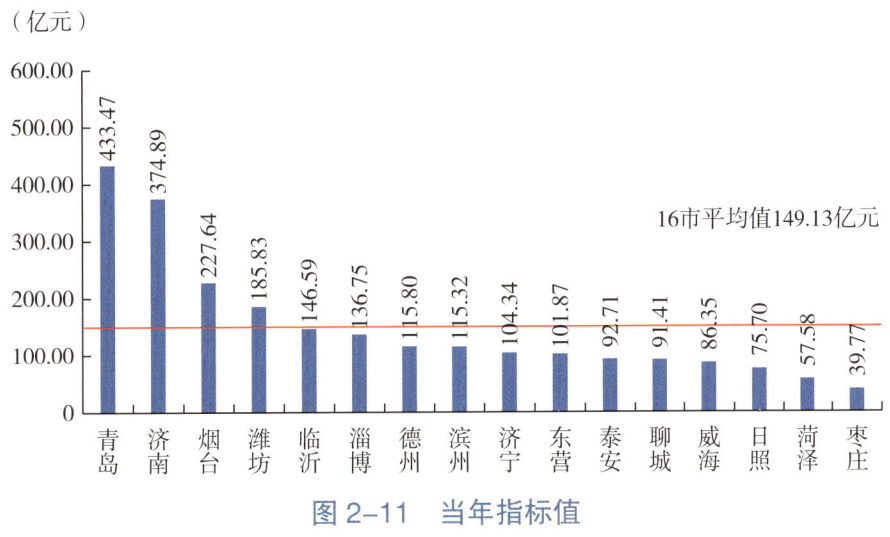

图 2-11　当年指标值

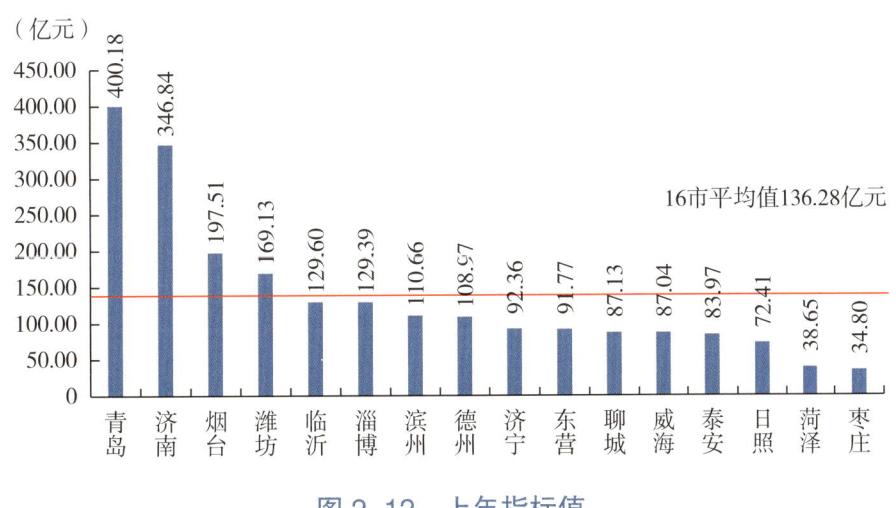

图 2-12　上年指标值

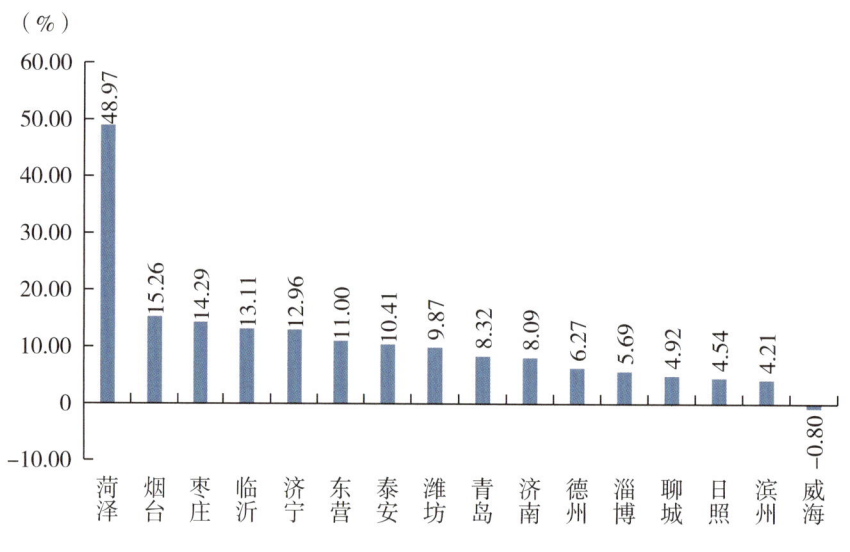

图 2-13　当年指标值较上年指标值增长率

（二）全社会 R&D 经费支出占 GDP 比重

2023 年，全省全社会 R&D 经费支出占 GDP 比重平均值为 2.59%，较上年提高 0.10 个百分点。从各市来看，滨州、日照、聊城、德州、淄博、济南、泰安、青岛、东营 9 个市该指标值高于全省平均水平。与上年相比，除威海全社会 R&D 经费支出占 GDP 比重下降 0.10 个百分点外，其余市该指标值均有所增长，其中，菏泽提高幅度达 0.38 个百分点，追赶步伐加快（图 2-14 至图 2-16）。

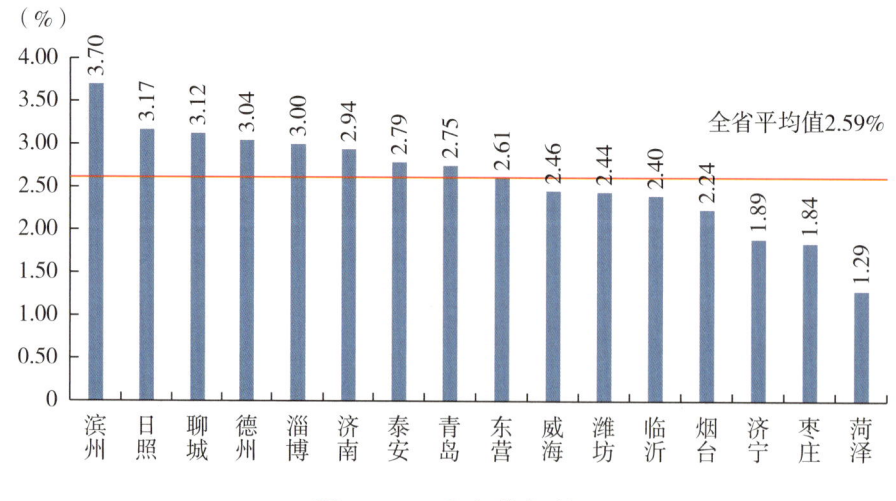

图 2-14　当年指标值

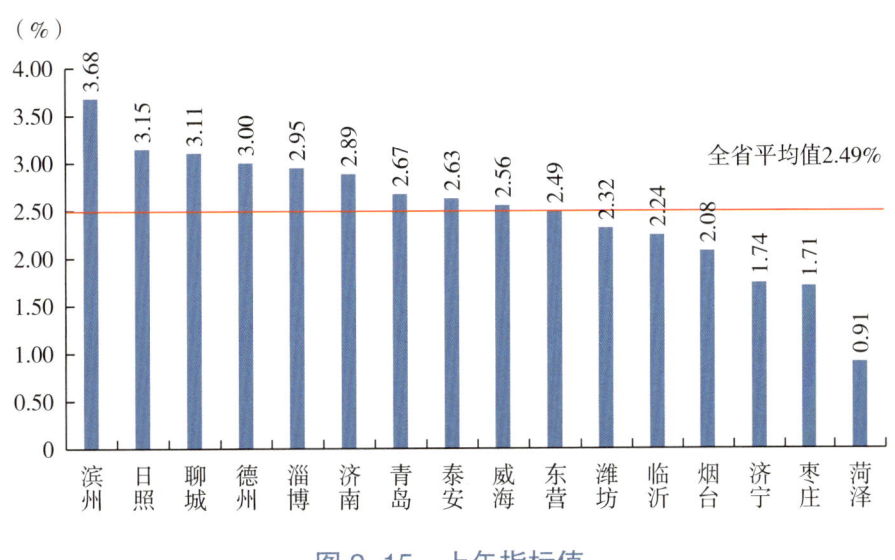

图 2-15 上年指标值

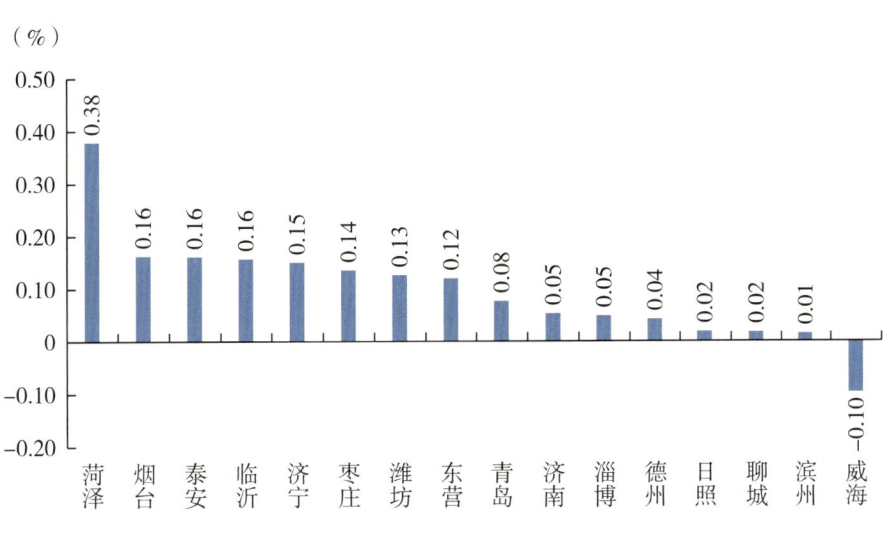

图 2-16 当年指标值与上年指标值之差

（三）地方财政科技支出占一般公共预算支出的比重

2023 年，全省地方财政科技支出占一般公共预算支出的比重平均值为 2.56%，较上年下降 0.02 个百分点。从各市来看，日照、济南 2 个市遥遥领先，且高于全省平均水平。与上年相比，济南、日照、威海、泰安、淄博、济宁、临沂、聊城 8 个市该指标值实现增长；其中，济南、日照提高幅度超过 1 个百分点。8 个该指标值下降的市中,东营、滨州、烟台下降幅度较大,均在0.5个百分点以上(图2-17至图2-19)。

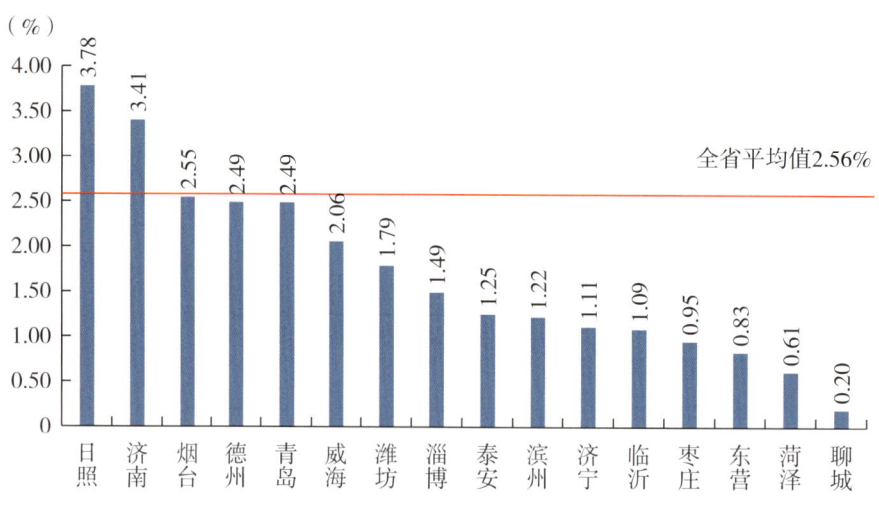

图 2-17 当年指标值

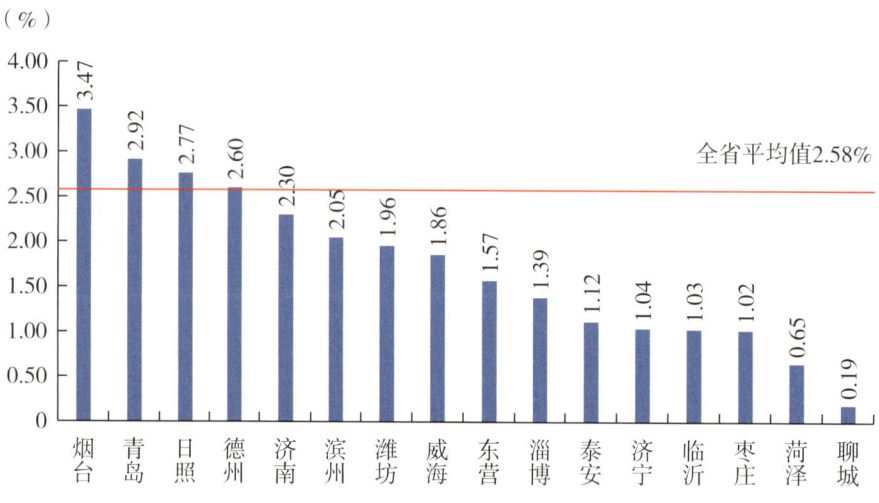

图 2-18 上年指标值

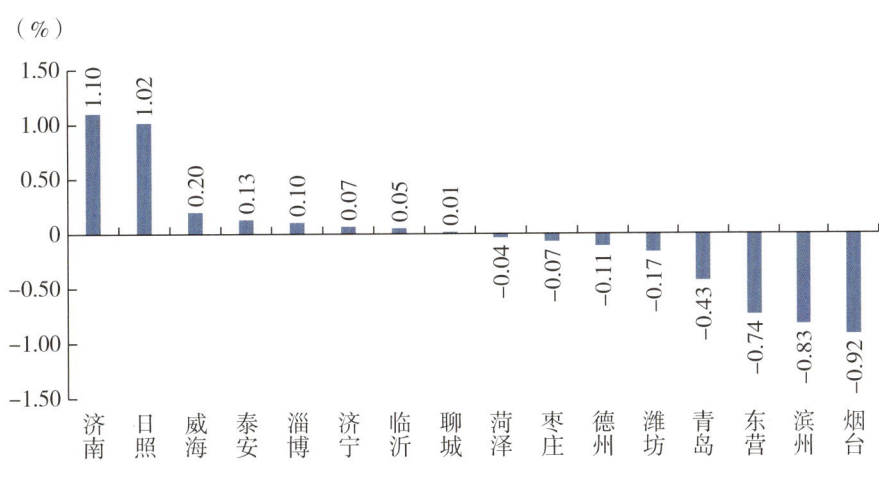

图 2-19　当年指标值与上年指标值之差

（四）基础研究经费支出占 R&D 经费支出的比重

2023 年，全省基础研究经费支出占 R&D 经费支出的比重平均值为 4.19%，较上年提高 0.08 个百分点。从各市来看，济南、青岛、淄博 3 个市该指标值高于全省平均水平，分别达 9.33%、6.44%、4.67%。与上年相比，淄博、聊城、泰安、济南、滨州、德州、临沂、日照[①] 8 个市该指标值实现增长，其中，淄博、聊城、泰安 3 个市该指标值提高幅度在 1 个百分点以上（图 2-20 至图 2-22）。

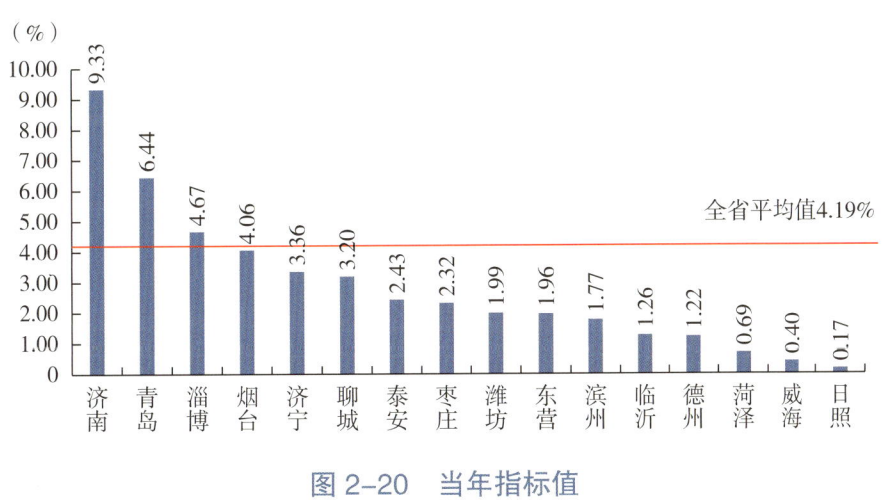

图 2-20　当年指标值

---

① 按实际数据计算日照增长应为 0.0005，图 2-22 中日照对应的 0.00 为四舍五入后数值。

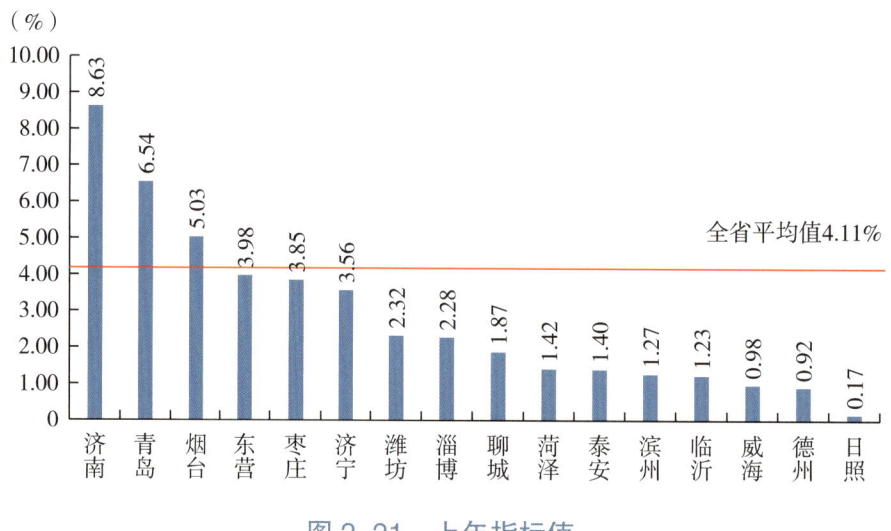

图 2-21 上年指标值

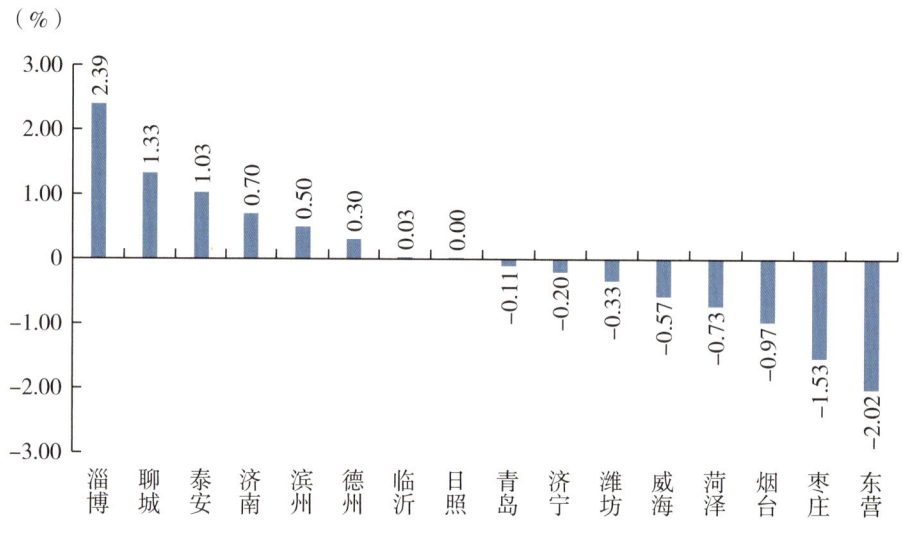

图 2-22 当年指标值与上年指标值之差

（五）R&D 人员全时当量

2023 年，全省 R&D 人员全时当量达 58.10 万人年，较上年增长 12.92%。从各市来看，青岛、济南、潍坊、烟台、临沂 5 个市该指标值高于全省平均水平（3.61 万人年）。与上年相比，除威海、淄博、聊城外，其余 13 个市 R&D 人员全时当量均实现增长；其中，菏泽、济宁、枣庄3个市该指标同比增长率超过40%（图2-23至图2-25）。

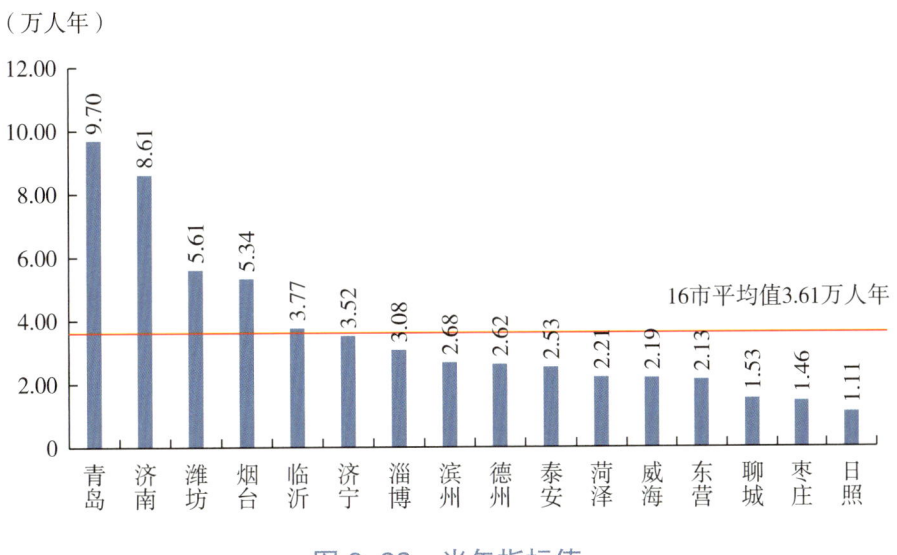

图2-23　当年指标值

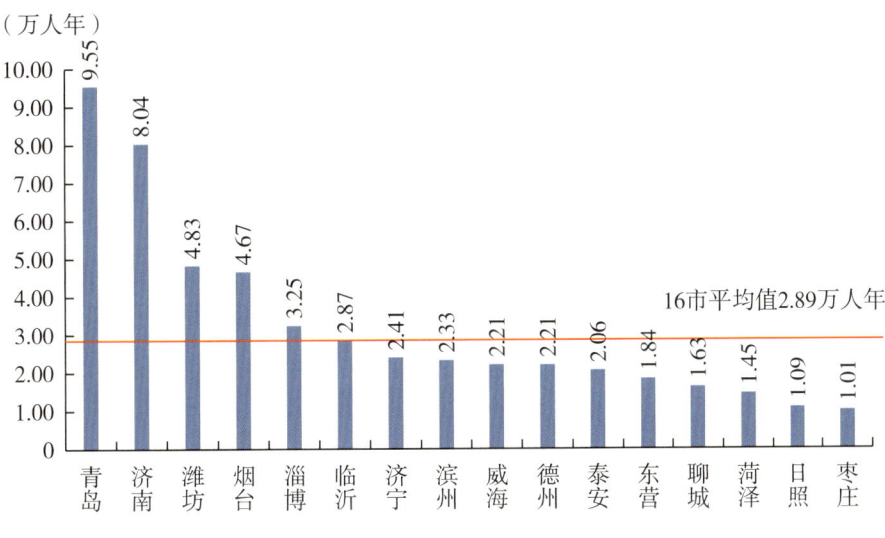

图2-24　上年指标值

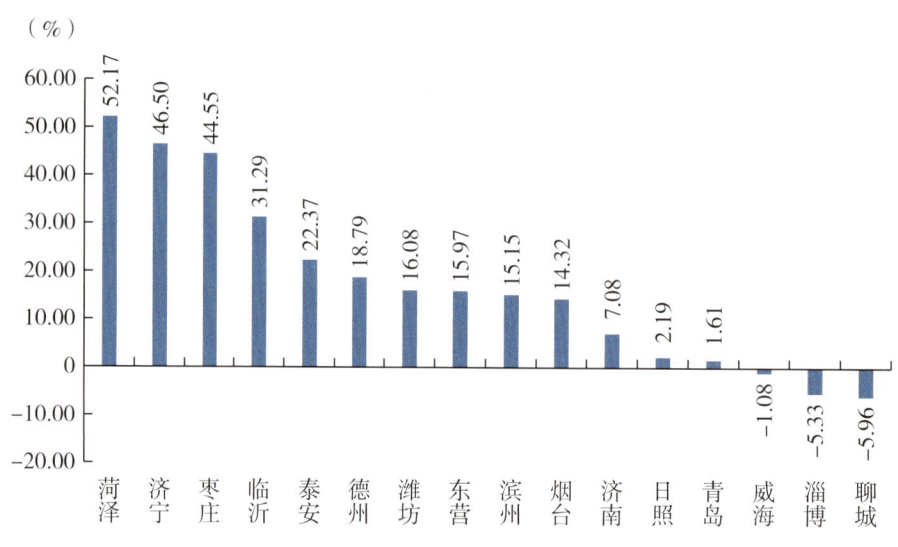

图 2-25　当年指标值较上年指标值增长率

（六）每万名就业人员中研发人员数

2023 年，全省每万名就业人员中研发人员数平均值为 108.19 人年，较上年增长 11.80 人年。从各市来看，青岛、济南、东营、淄博、威海、烟台、滨州、潍坊 8 个市每万名就业人员中研发人员数超过全省平均水平。相较于上年，济宁、东营、枣庄、菏泽、烟台、临沂、潍坊、滨州、泰安、德州 10 个市该指标值提高幅度超过 10 人年（图 2-26 至图 2-28）。

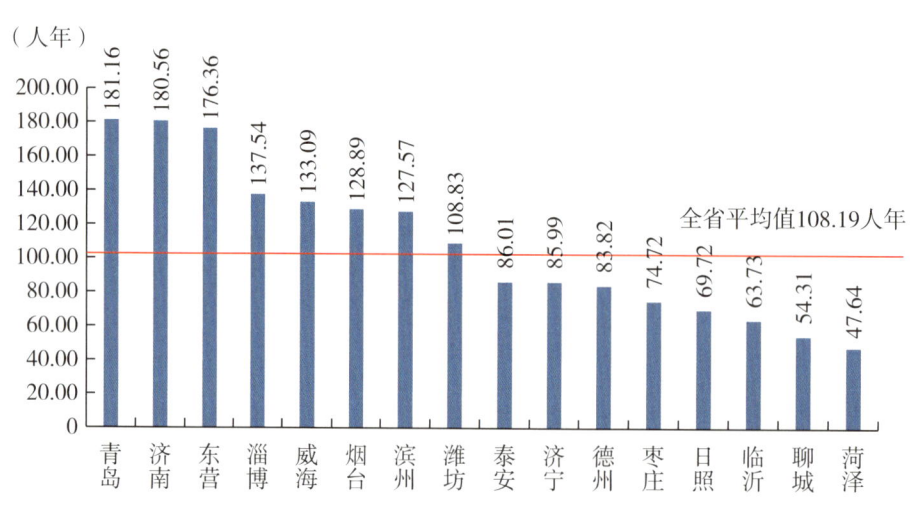

图 2-26　当年指标值

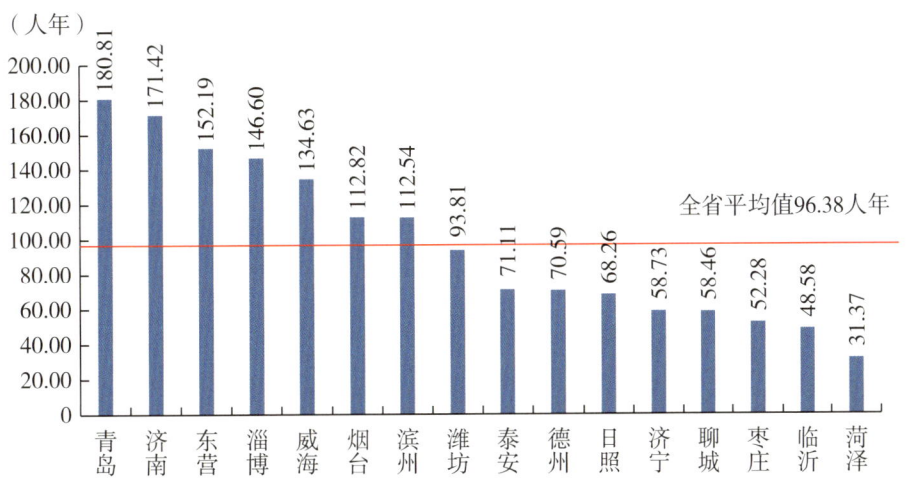

图 2-27　上年指标值

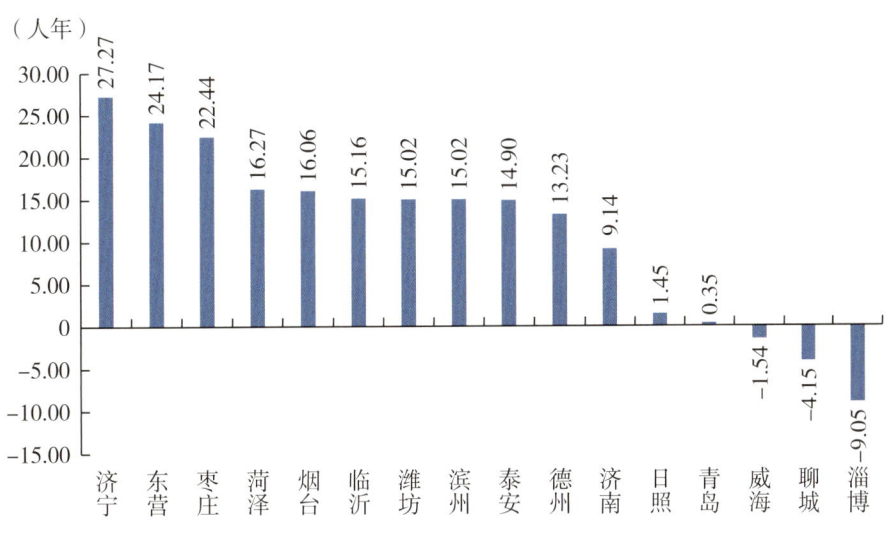

图 2-28　当年指标值与上年指标值之差

（七）R&D 人员中研究人员占比

2023 年，全省 R&D 人员中研究人员占比平均值为 34.95%，较上年下降 0.44 个百分点。从各市来看，济南、青岛、烟台 3 个市 R&D 人员中研究人员占比超过全省平均水平。与上年相比，青岛、济南、枣庄、聊城、威海、淄博、临沂、菏泽 8 个市该指标值有所增长，东营该指标值下降幅度最大，较上年降低 5.25 个百分点（图 2-29 至图 2-31）。

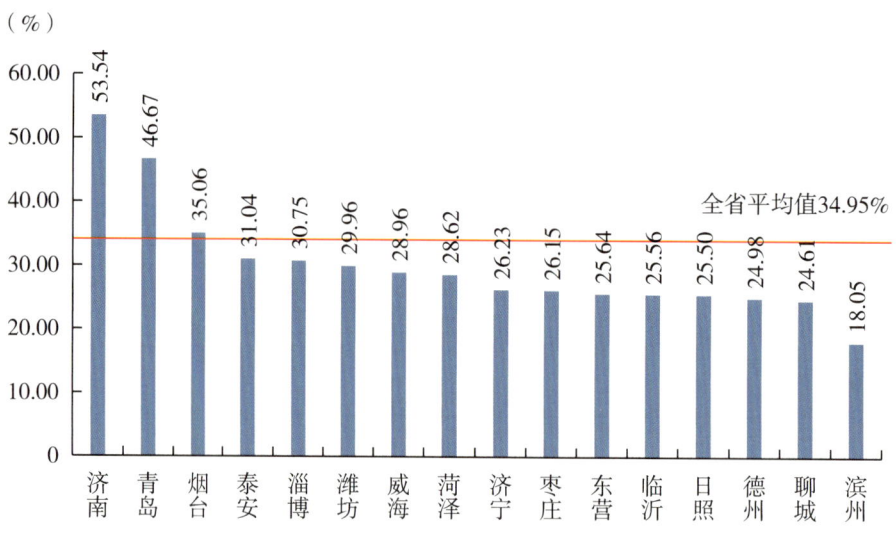

图 2-29　当年指标值

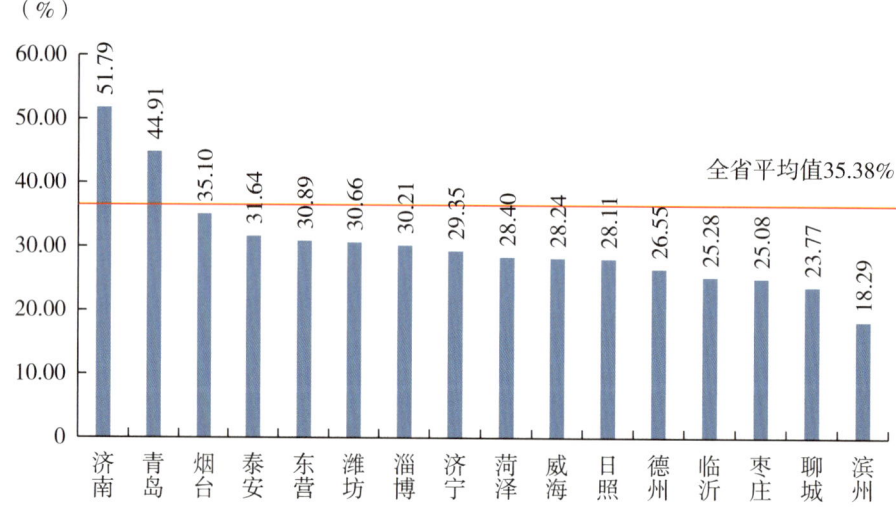

图 2-30　上年指标值

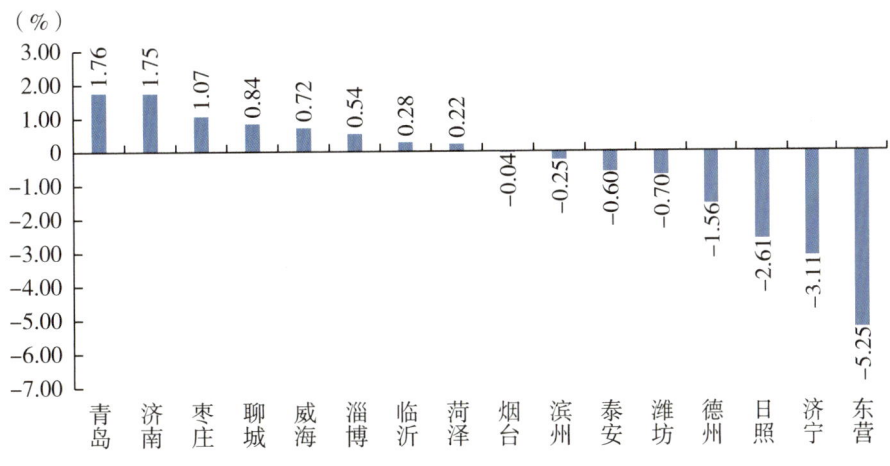

图 2-31　当年指标值与上年指标值之差

（八）每亿元 GDP 技术合同成交额

2023 年，全省每亿元 GDP 技术合同成交额平均值为 499.88 万元，较上年增加 128.09 万元。从各市来看，济南、淄博、滨州、临沂、泰安 5 个市每亿元 GDP 技术合同成交额高于全省平均水平。与上年相比，临沂、泰安、菏泽、济南、德州、潍坊、东营、青岛、济宁、烟台、滨州 11 个市每亿元 GDP 技术合同成交额实现增长；其中，临沂、泰安、菏泽、济南该指标值提高幅度超过 200 万元。枣庄每亿元 GDP 技术合同成交额下降幅度最大，达 146.32 万元（图 2-32 至图 2-34）。

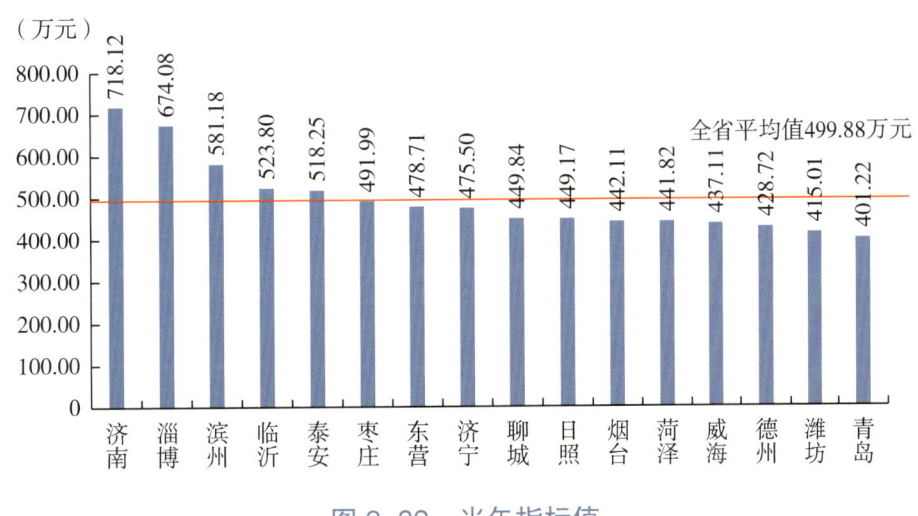

图 2-32　当年指标值

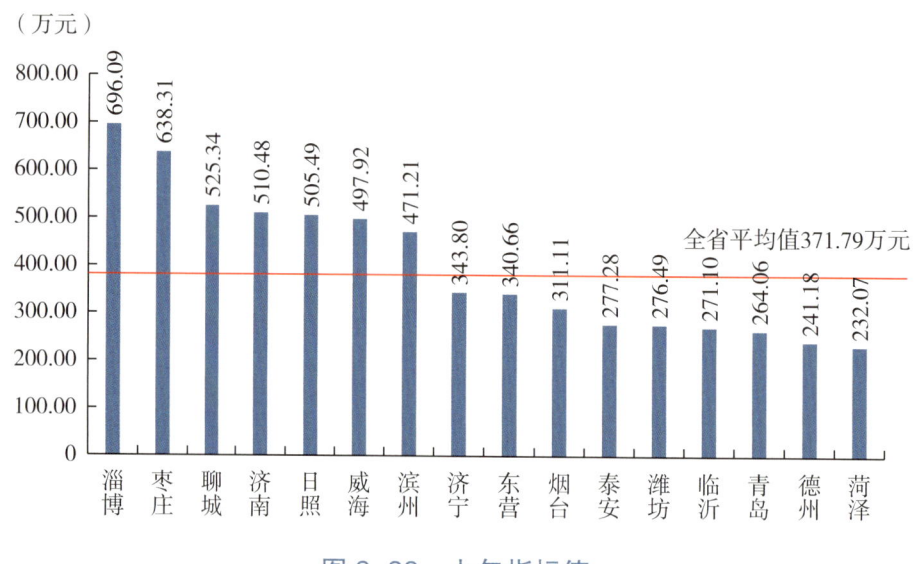

图 2-33 上年指标值

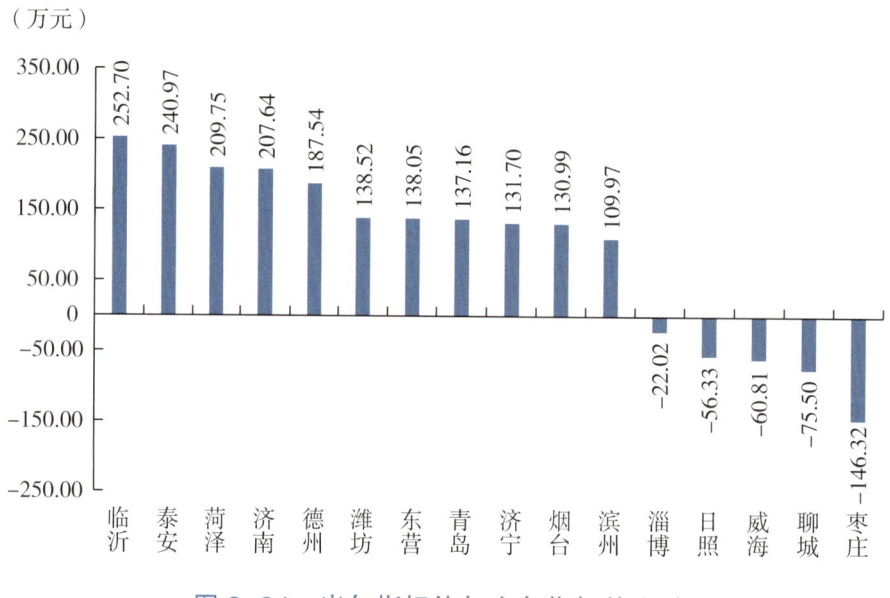

图 2-34 当年指标值与上年指标值之差

（九）每万人高价值发明专利拥有量

2023年，全省每万人高价值发明专利拥有量平均值达 8.57 件，较上年增加 2.07 件。从各市来看，青岛、济南遥遥领先，每万人高价值发明专利拥有量分别达 23.80 件、23.67 件，威海、东营、烟台、淄博该指标值也在全省平均水平以上。与上年相比，16市该指标值均实现增长；其中，济南、青岛、威海、东营、淄博、烟台该指标值提高幅度均超过2件（图2-35至图2-37）。

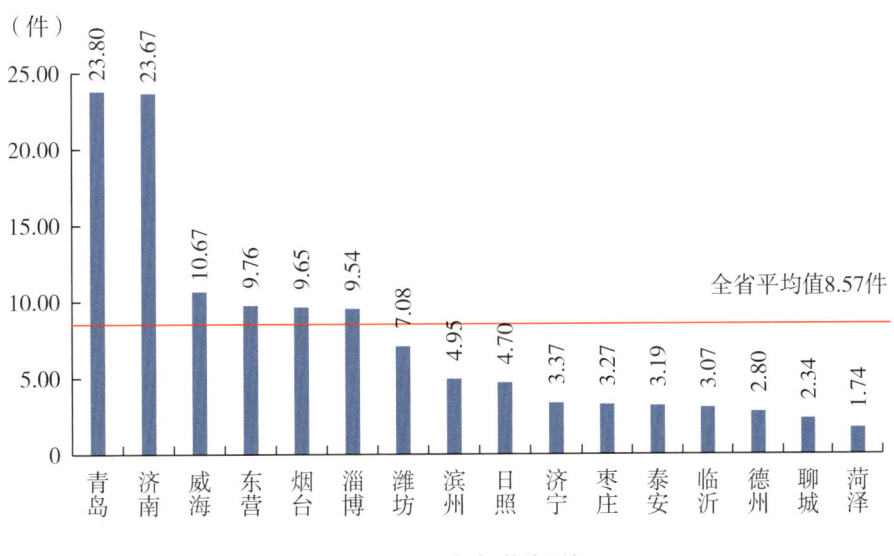

图2-35 当年指标值

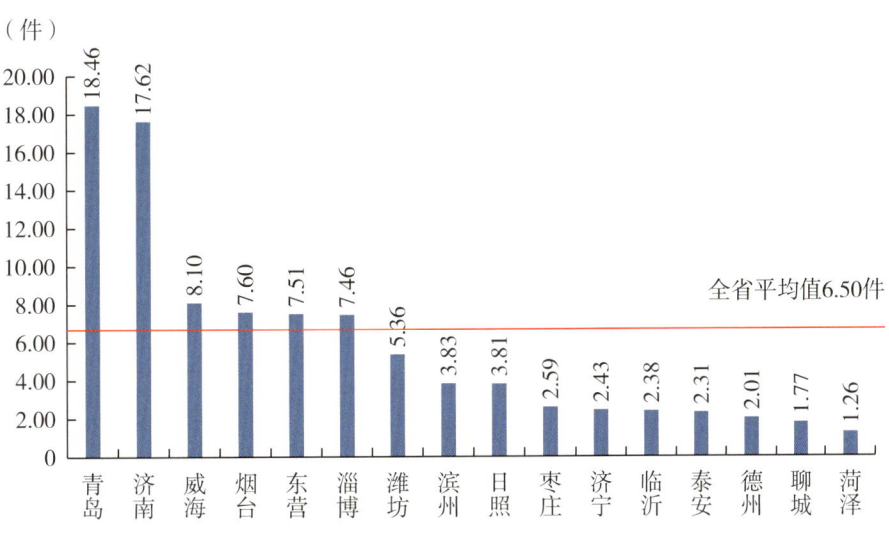

图2-36 上年指标值

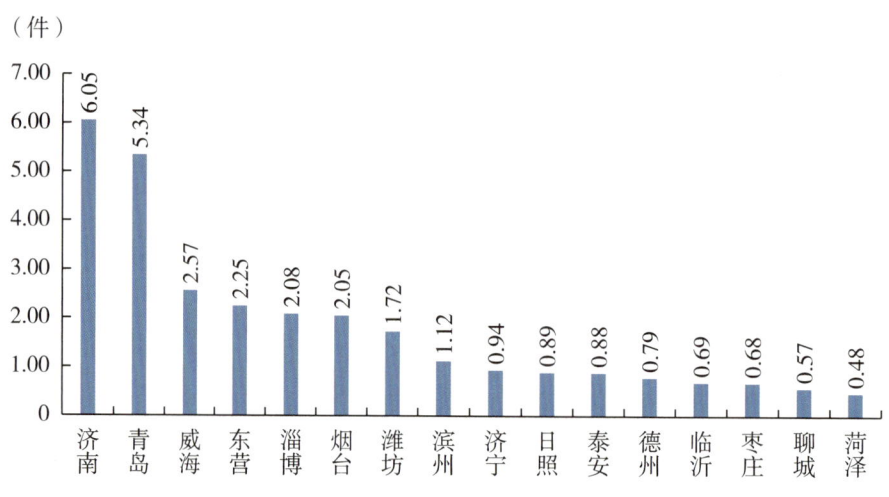

图 2-37　当年指标值与上年指标值之差

（十）万名研究人员科技论文数

2023年，全省万名研究人员科技论文数平均值为6081.46篇，较上年减少413.92篇。从各市来看，青岛、济南、聊城3个市万名研究人员科技论文数高于全省平均水平。相较于上年，滨州、聊城、淄博、威海、德州5个市万名研究人员科技论文数实现增长；其中，滨州、聊城、淄博该指标值提高幅度均在700篇以上。泰安、济宁该指标值下降幅度较大，均较上年减少超过1000篇（图2-38至图2-40）。

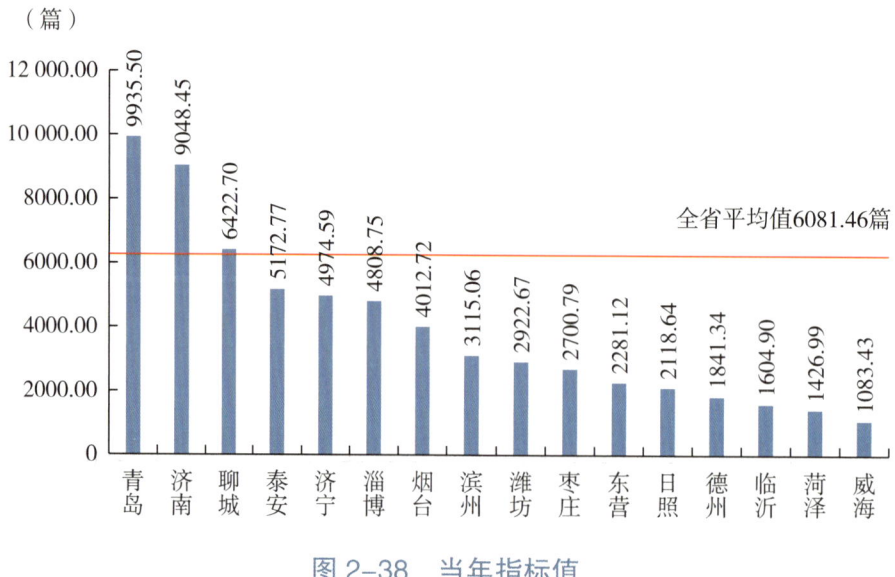

图 2-38　当年指标值

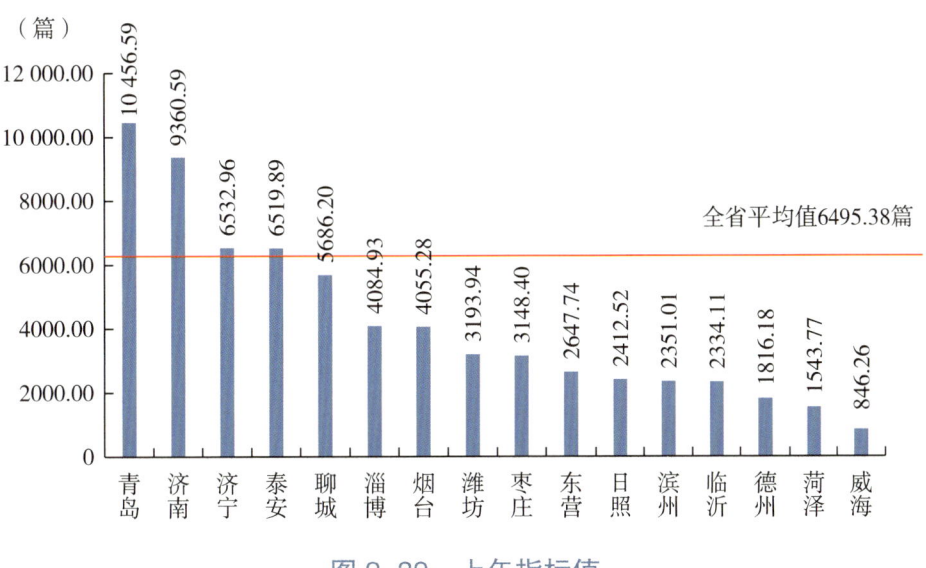

图 2-39 上年指标值

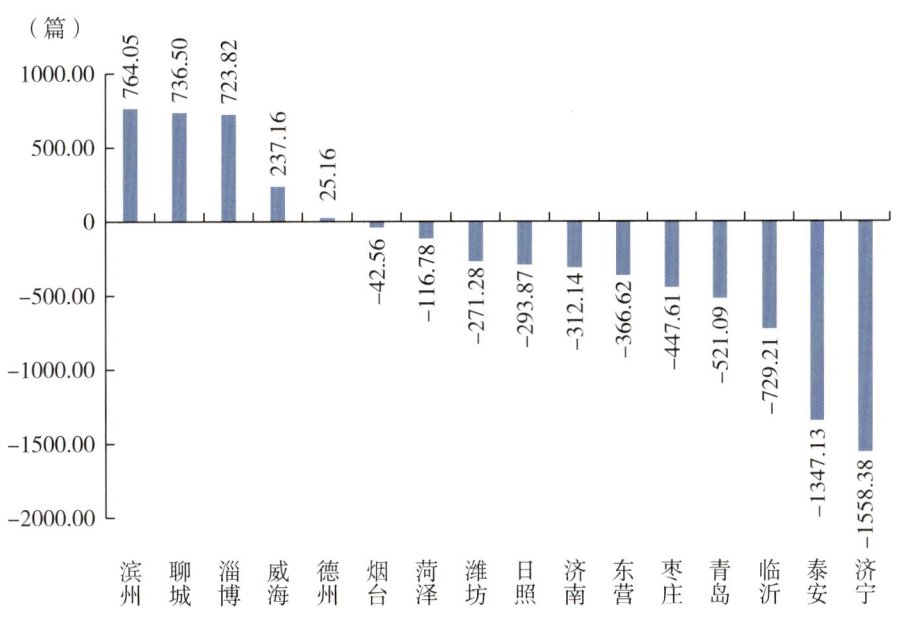

图 2-40 当年指标值与上年指标值之差

（十一）每亿元 R&D 经费支出发明专利授权数

2023 年，全省每亿元 R&D 经费支出发明专利授权数平均值达 23.18 件，较上年增加 0.85 件。从各市来看，济南、青岛、潍坊每亿元 R&D 经费支出发明专利授权数超过全省平均水平。与上年相比，潍坊、泰安、淄博、济南、临沂、德州、威海、济宁、烟台、滨州 10 个市每亿元 R&D 经费支出发明专利授权数有所增长；其中，潍坊、泰安、淄博、济南、临沂该指标值提高幅度均在 2 件以上（图 2-41 至图 2-43）。

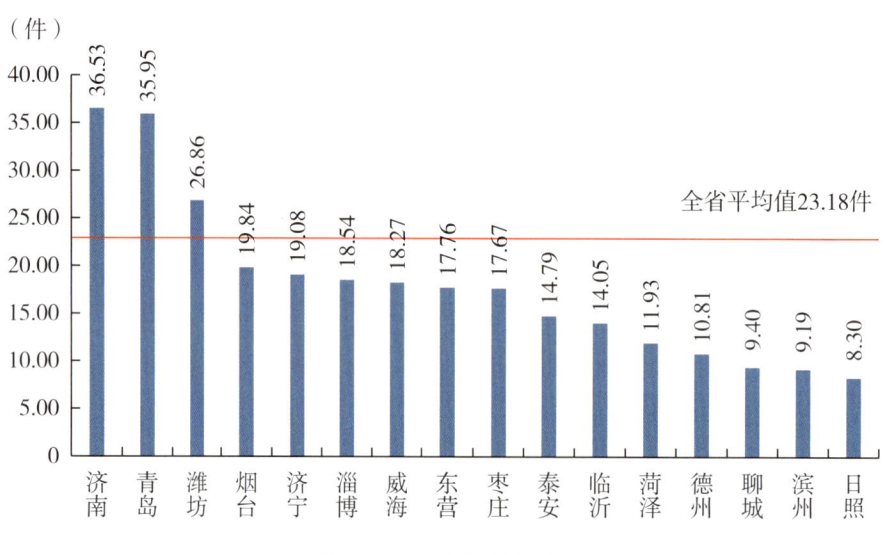

图 2-41　当年指标值

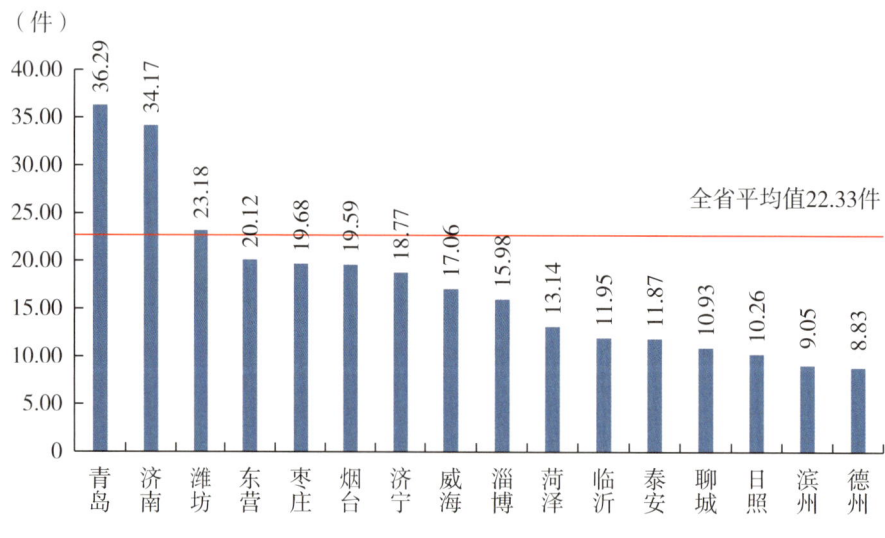

图 2-42　上年指标值

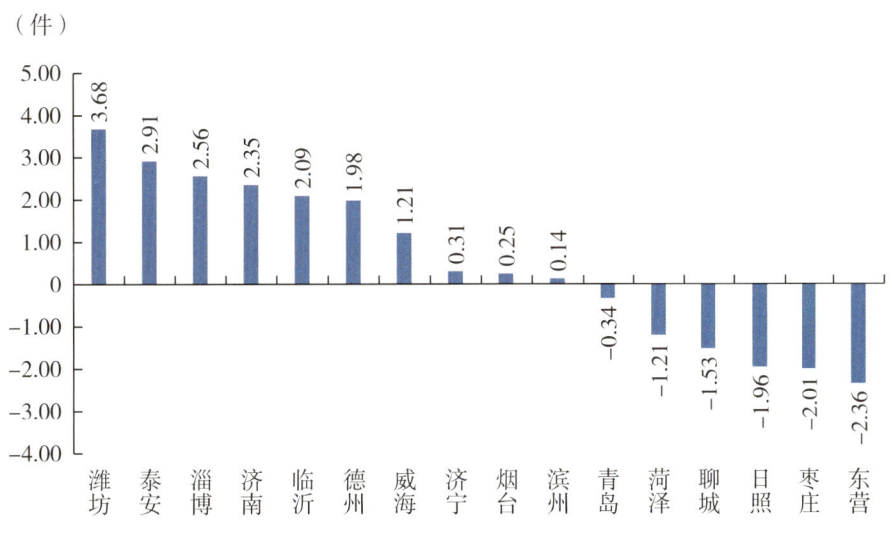

图 2-43　当年指标值与上年指标值之差

（十二）高新技术产品出口值占商品出口总值比重

2023 年，全省高新技术产品出口值占商品出口总值比重平均值达 7.34%，较上年提高 0.57 个百分点。从各市来看，济南、潍坊、德州、威海、青岛、枣庄 6 个市高新技术产品出口值占商品出口总值比重超过全省平均水平。与上年相比，潍坊、泰安、济南、济宁、淄博、青岛、威海、日照、枣庄、临沂、聊城 11 个市该指标值实现增长；其中，潍坊该指标值提高幅度最大，达 3.23 个百分点（图 2-44 至图 2-46）。

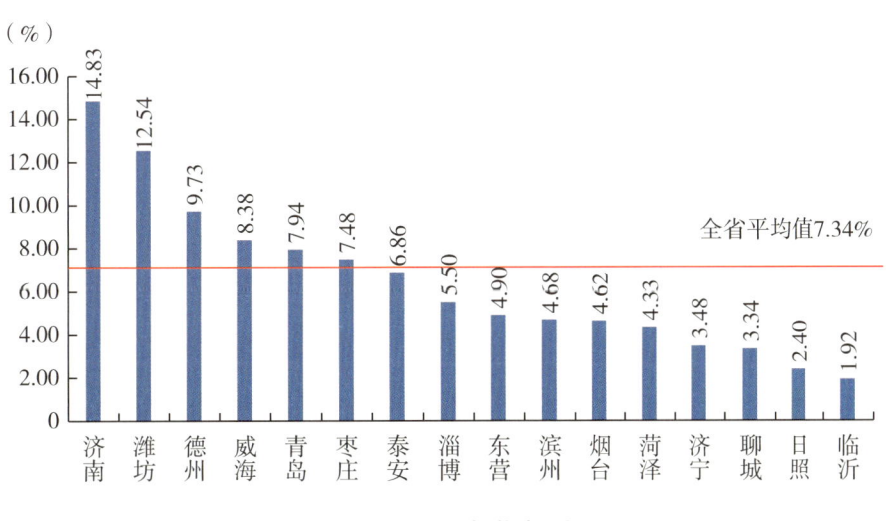

图 2-44　当年指标值

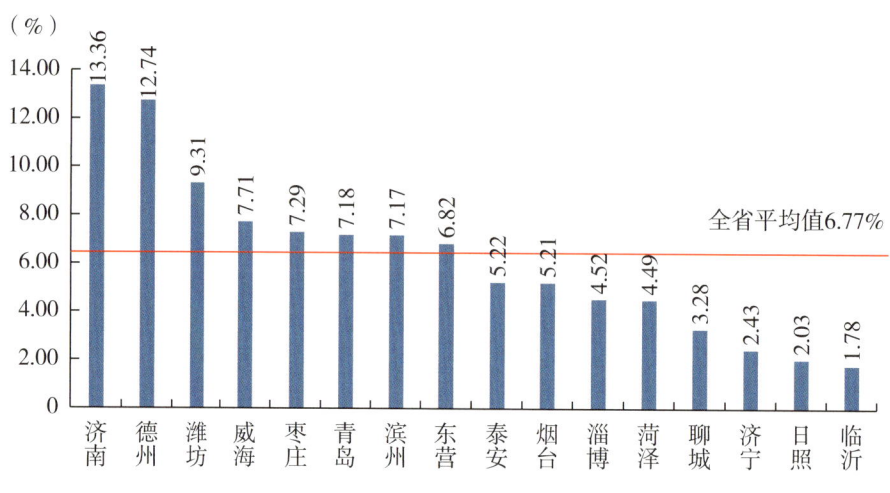

图 2-45　上年指标值

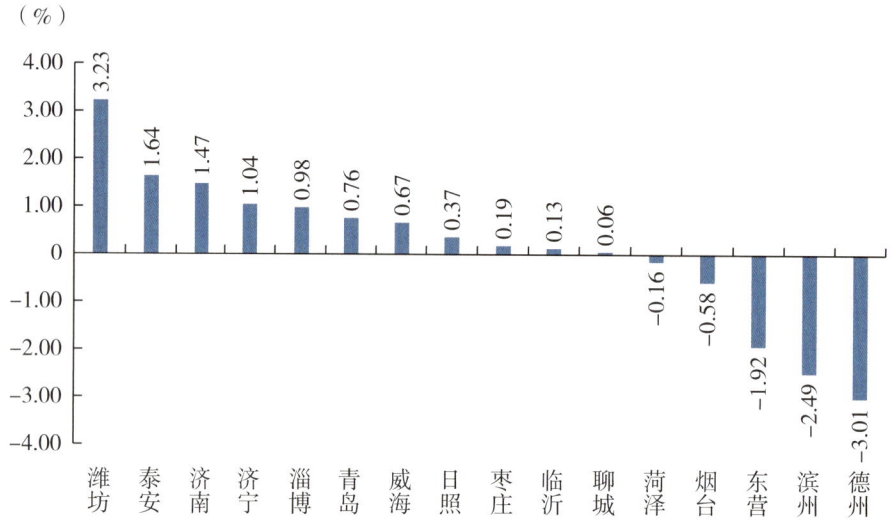

图 2-46　当年指标值与上年指标值之差

（十三）规上工业企业 R&D 经费支出占营业收入比重

2023 年，全省规上工业企业 R&D 经费支出占营业收入比重平均值达 1.62%，较上年提高 0.03 个百分点。从各市来看，威海、德州、泰安、济南、青岛、烟台、聊城、枣庄、济宁、淄博、临沂[①]11 个市规上工业企业 R&D 经费支出占营业收入

---

① 精确计算临沂比全省平均水平高 0.0018 个百分点，图 2-47 中数据为四舍五入后数值。

38

比重超过全省平均水平。与上年相比，济宁、菏泽、烟台、德州、枣庄、潍坊、滨州、东营、聊城9个市规上工业企业R&D经费支出占营业收入比重实现增长，威海该指标值下降幅度最大，降低了0.60个百分点（图2-47至图2-49）。

图2-47　当年指标值

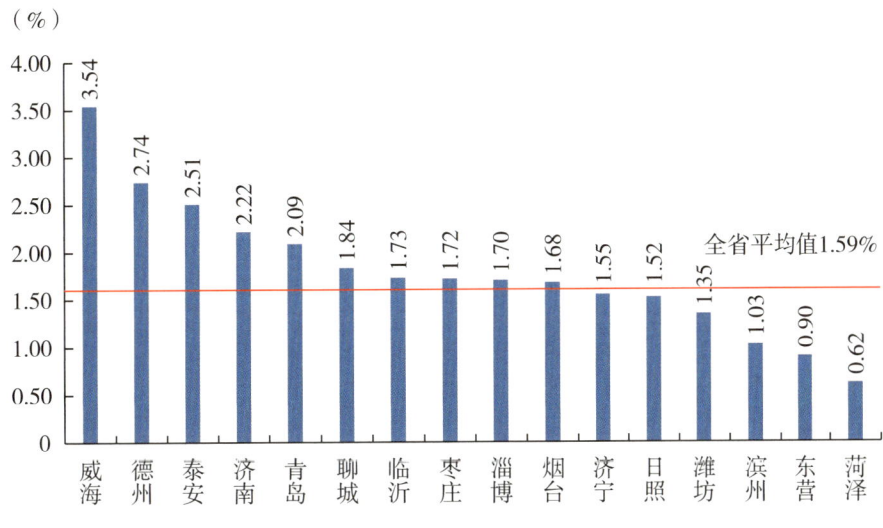

图2-48　上年指标值

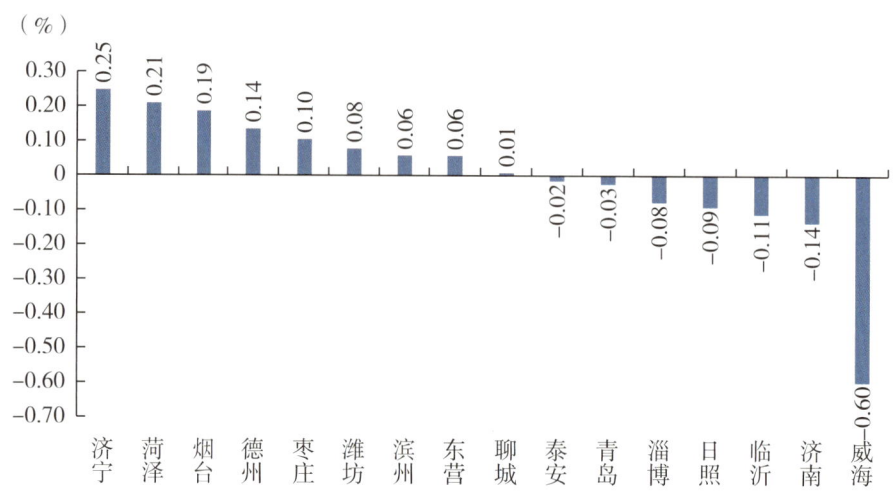

图 2-49　当年指标值与上年指标值之差

（十四）规上工业企业 R&D 人员占规上工业企业从业人员比重

2023 年，全省规上工业企业 R&D 人员占规上工业企业从业人员的比重平均值达 9.72%，较上年下降 0.56 个百分点。从各市来看，德州、济南、青岛、滨州、泰安、淄博、菏泽、枣庄、威海 9 个市规上工业企业 R&D 人员占规上工业企业从业人员的比重高于全省平均水平。与上年相比，枣庄、济宁、菏泽、潍坊 4 个市该指标值实现增长，淄博该指标值下降幅度最大，降低了 2.21 个百分点（图 2-50 至图 2-52）。

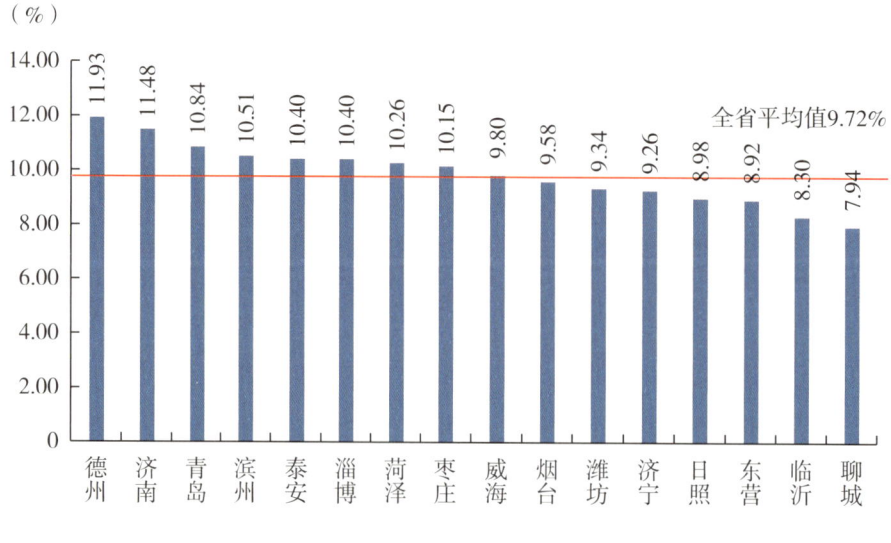

图 2-50　当年指标值

第二部分 | 区域科技创新各级指标评价

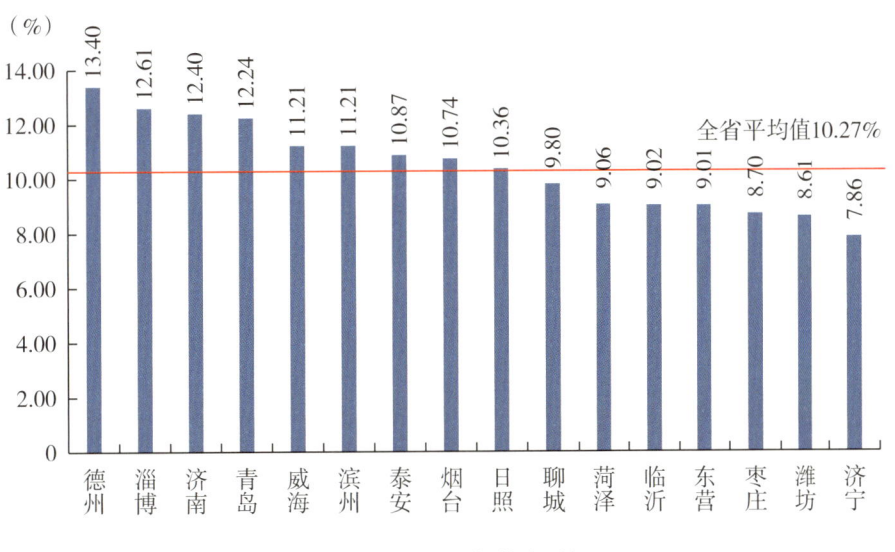

图 2-51 上年指标值

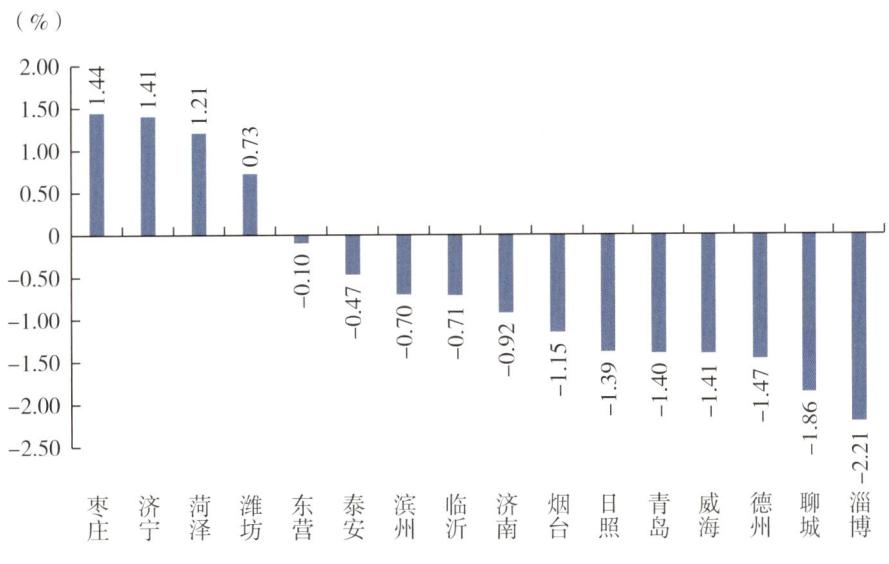

图 2-52 当年指标值与上年指标值之差

（十五）有研发活动的规上工业企业数

2023年，全省有研发活动的规上工业企业数达13 950家，较上年减少21.60%。从各市来看，青岛、临沂、潍坊、菏泽、烟台5个市有研发活动的规上工业企业数超过1000家，占全省比重近一半。与上年相比，16市有研发活动的规上

41

工业企业数均有所减少,其中,青岛、日照、淄博、聊城该指标值下降幅度较大,均超过了30%(图2-53至图2-55)。

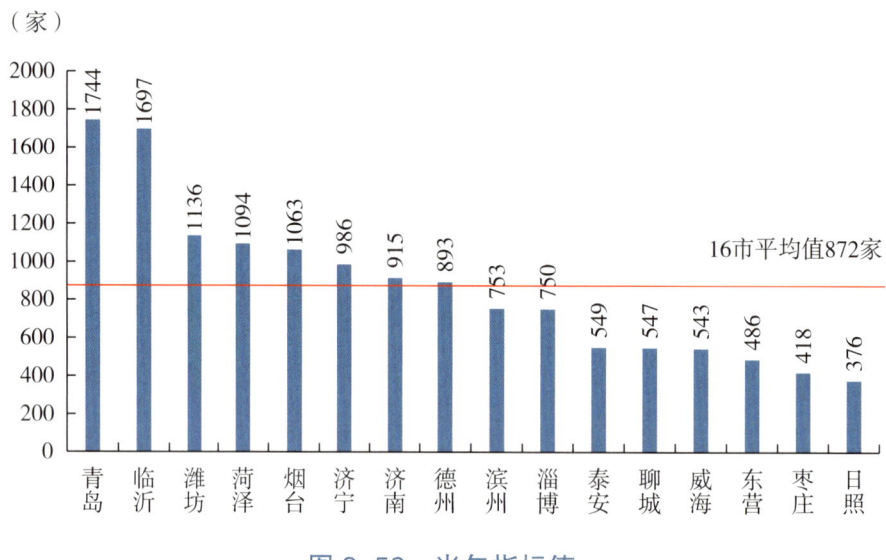

图2-53 当年指标值

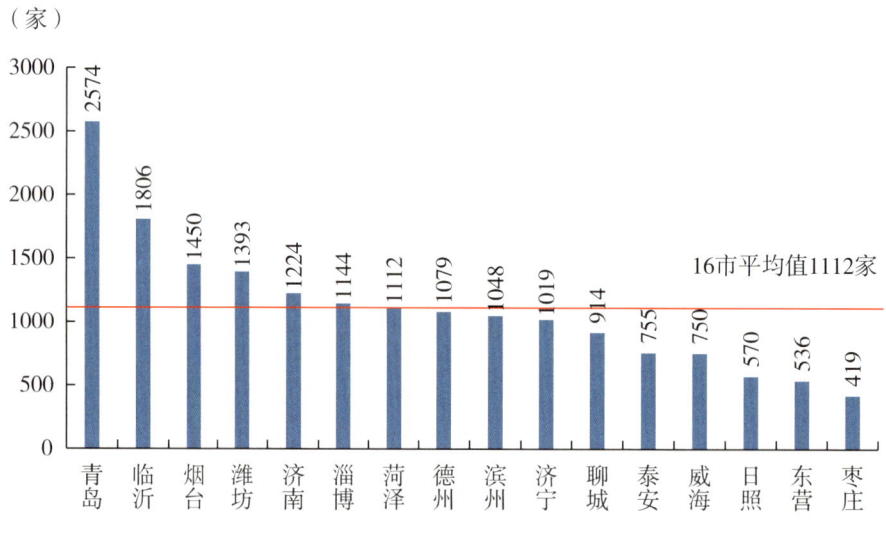

图2-54 上年指标值

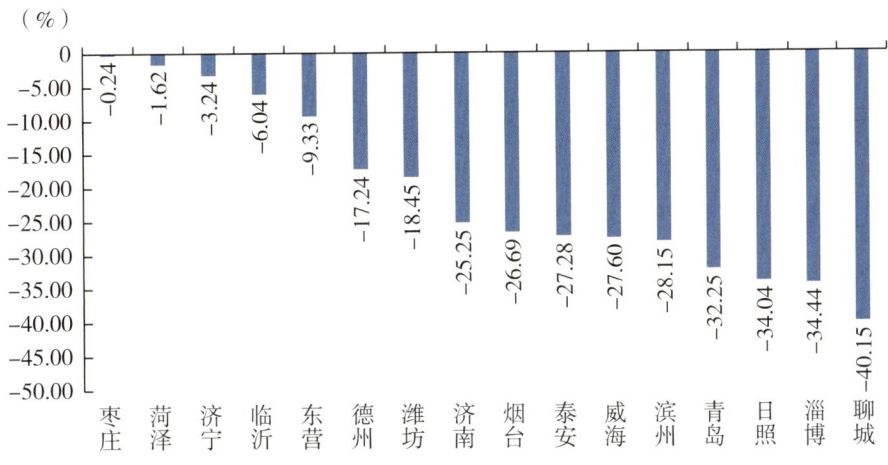

图 2-55　当年指标值较上年指标值增长率

（十六）有研发活动的规上工业企业占规上工业企业比重

2023 年，全省有研发活动的规上工业企业占规上工业企业比重平均值达 35.34%，较上年降低 15.03 个百分点。从各市来看，东营、济宁、德州、滨州、菏泽、威海、临沂、日照、烟台、淄博、枣庄 11 个市有研发活动的规上工业企业占规上工业企业比重超过全省平均水平。相较于上年，16 市该指标值均有不同程度的下降，其中，烟台、青岛、淄博、泰安、日照、滨州、聊城 7 个市该指标值下降幅度均超过 20%（图 2-56 至图 2-58）。

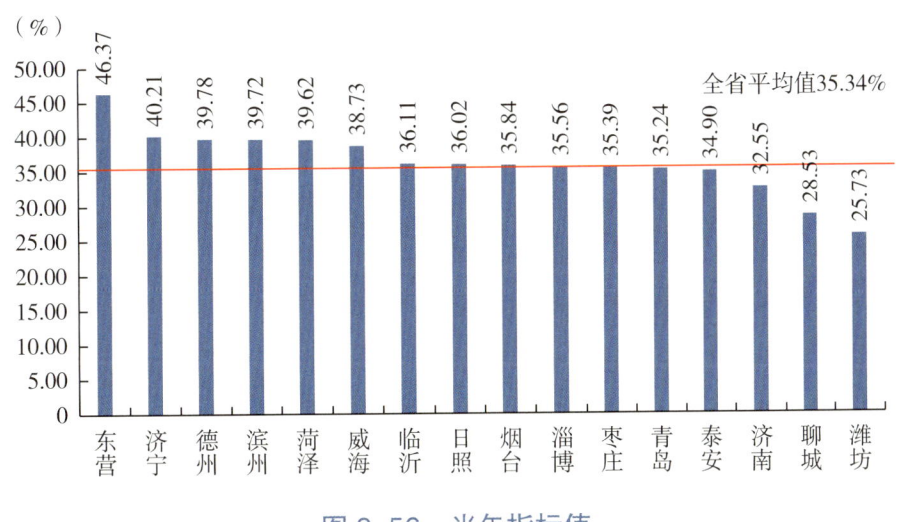

图 2-56　当年指标值

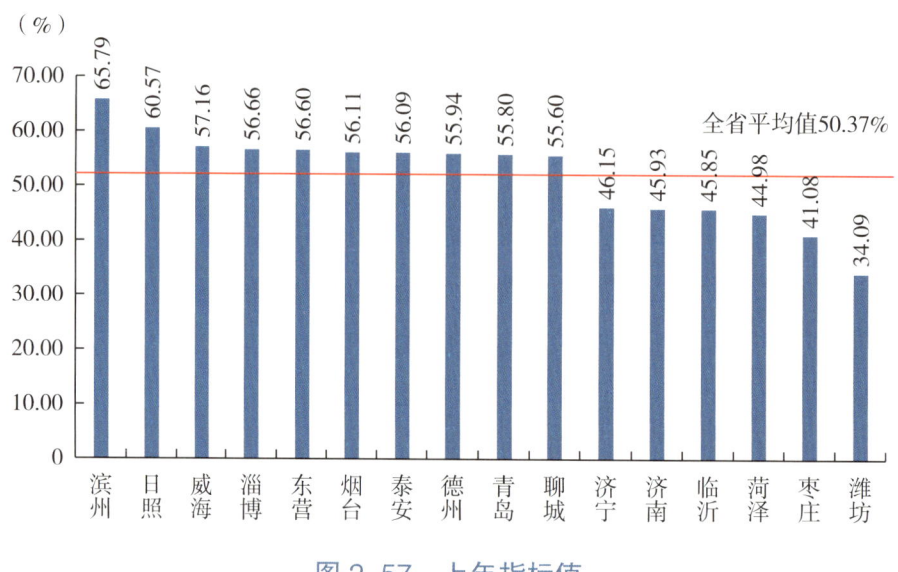

图 2-57 上年指标值

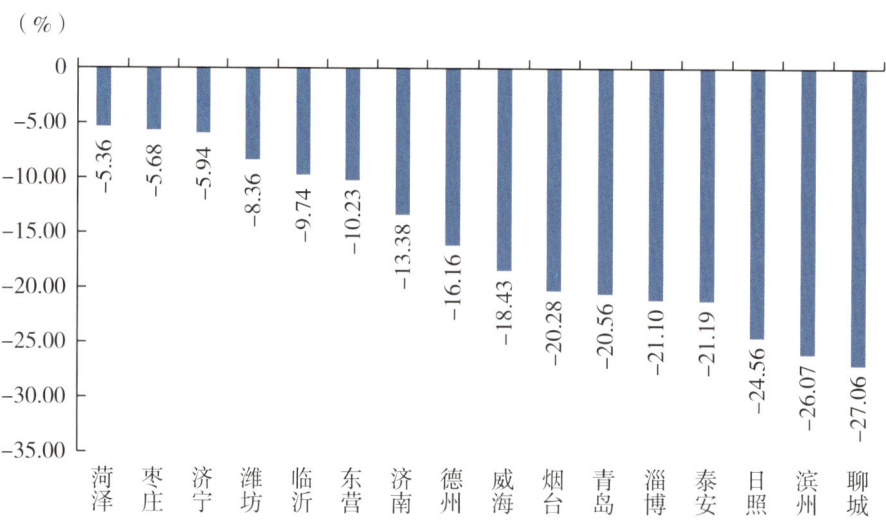

图 2-58 当年指标值与上年指标值之差

（十七）规上工业企业新产品销售收入

2023 年，全省规上工业企业新产品销售收入达 47 124.59 亿元，较上年增长 24.51%。从各市来看，青岛、潍坊、烟台、滨州、东营、济南、临沂 7 个市规上工业企业新产品销售收入超过全省平均值。与上年相比，除威海、日照、淄博 3 个市规上工业企业新产品销售收入有所下降外，其余 13 市均实现增长，其中，菏泽、临沂该指标值增长幅度遥遥领先，分别达到 68.28%、47.82%（图 2-59 至图 2-61）。

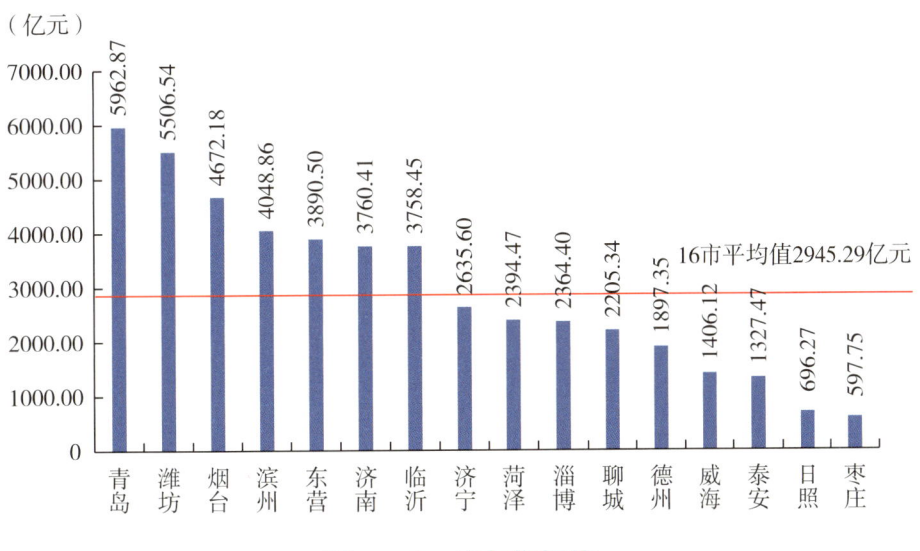

图 2-59　当年指标值

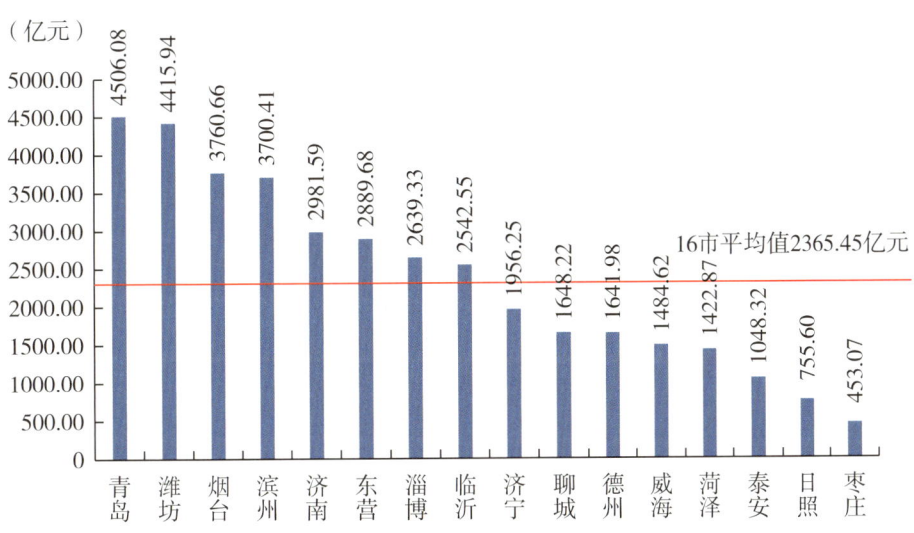

图 2-60　上年指标值

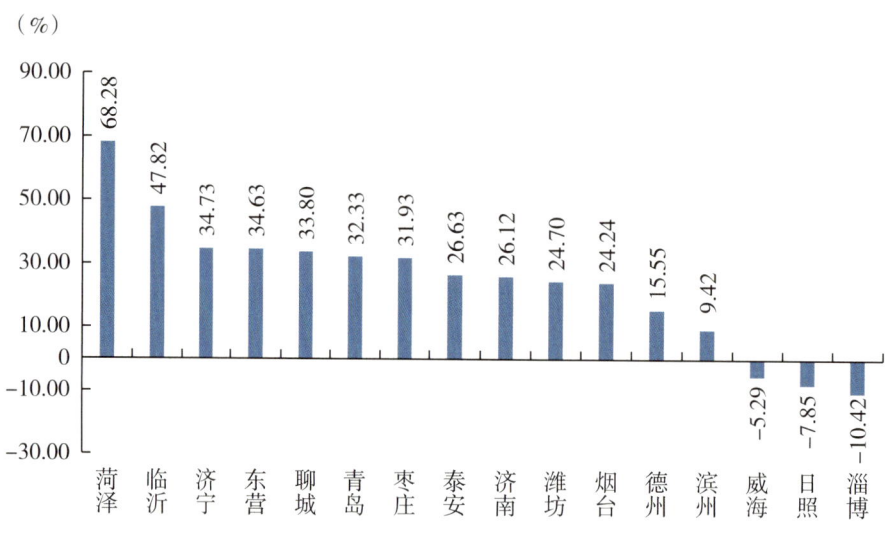

图 2-61　当年指标值较上年指标值增长率

（十八）规上工业企业新产品销售收入占营业收入比重

2023 年，全省规上工业企业新产品销售收入占营业收入比重平均值达 40.74%，较上年提高 6.03 个百分点。从各市来看，济宁、威海、德州、聊城、临沂、烟台、潍坊、青岛、泰安、滨州 10 个市规上工业企业新产品销售收入占营业收入比重高于全省平均水平。与上年相比，济宁、菏泽、聊城、临沂 4 个市该指标值提高幅度较大，均在 10 个百分点以上（图 2-62 至图 2-64）。

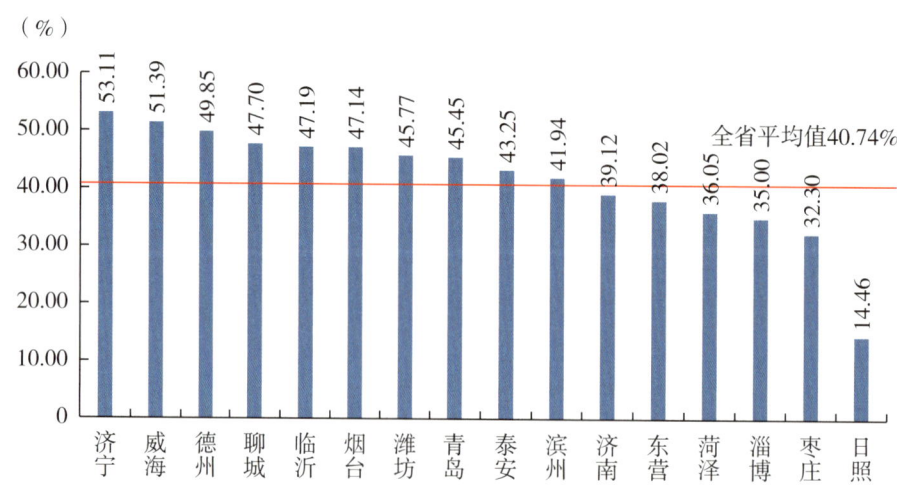

图 2-62　当年指标值

区域科技创新各级指标评价 | 第二部分

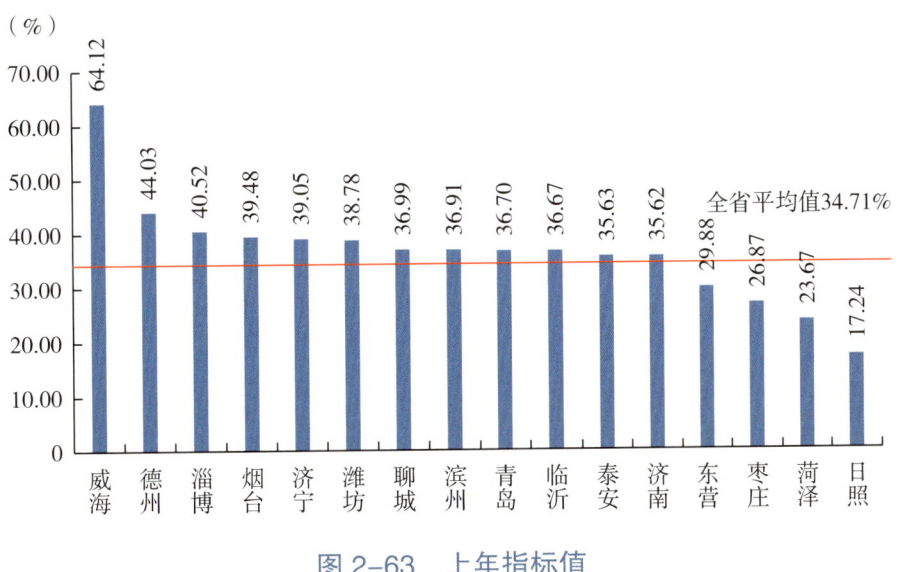

图 2-63 上年指标值

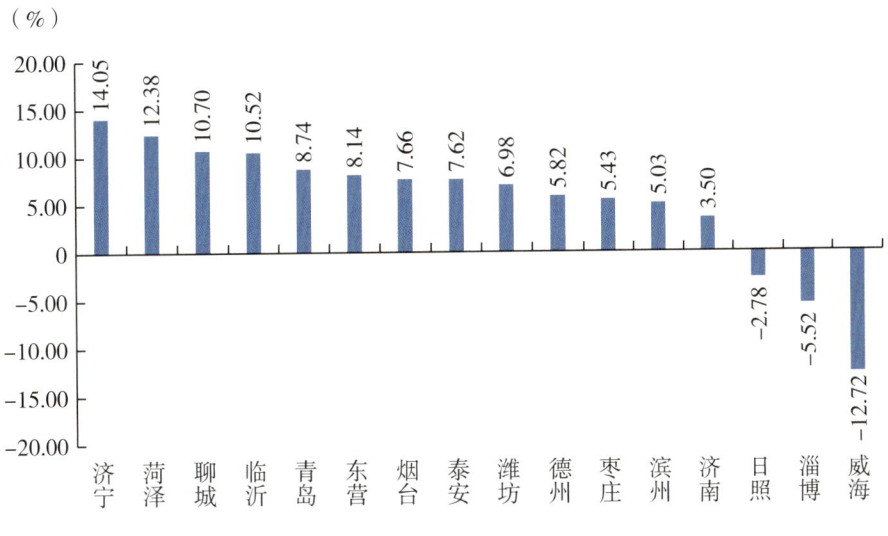

图 2-64 当年指标值与上年指标值之差

（十九）每万名规上工业企业 R&D 人员发明专利拥有量

2023 年，全省每万名规上工业企业 R&D 人员发明专利拥有量平均值达 3520.51 件，较上年增加 200.37 件。从各市来看，济南、青岛、淄博 3 个市每万名规上工业企业 R&D 人员发明专利拥有量超过全省平均水平，其中，济南、青岛领先优势明显，每万名规上工业企业 R&D 人员发明专利拥有量分别达 7364.85 件、6812.27 件。

47

相较于上年,青岛、聊城、泰安、淄博、日照、济南、东营、烟台、滨州9个市该指标值实现增长,济宁、临沂、枣庄3个市该指标值下降幅度较大,均减少了500件以上(图2-65至图2-67)。

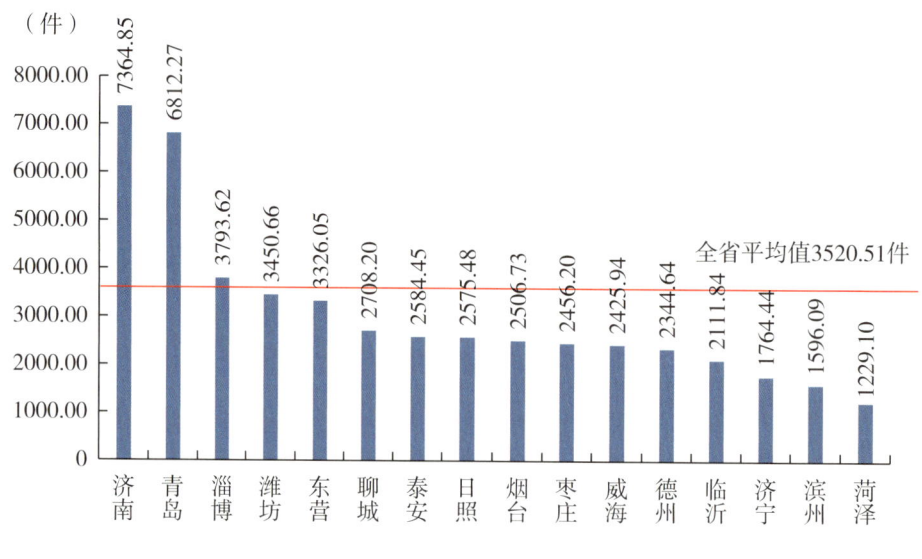

图2-65 当年指标值

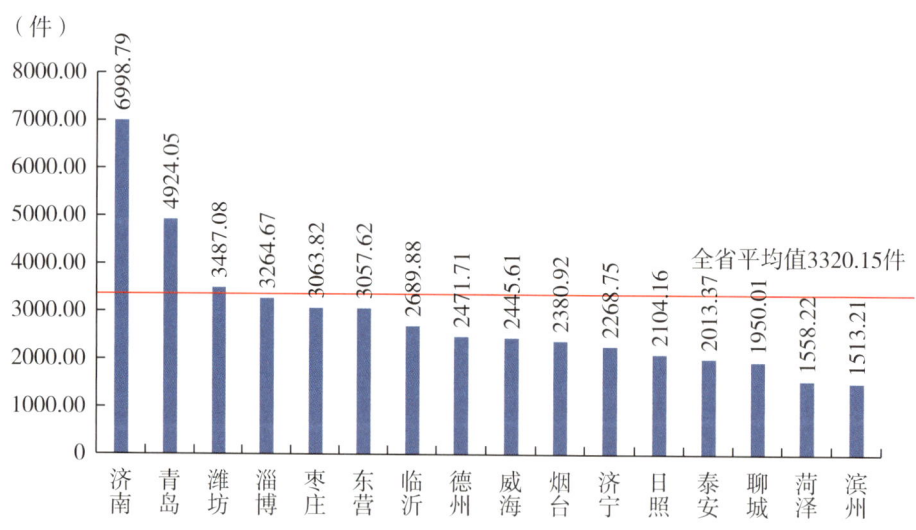

图2-66 上年指标值

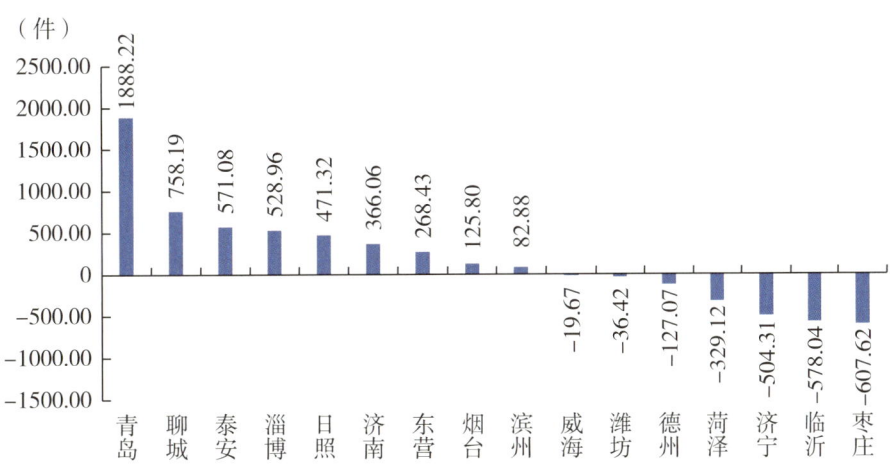

图 2-67　当年指标值与上年指标值之差

（二十）高校和研究机构 R&D 经费内部支出中企业资金占比

2023 年，全省高校和研究机构 R&D 经费内部支出中企业资金占比平均值达 26.83%，较上年提高 3.25 个百分点。从各市来看，德州、滨州、临沂、淄博、潍坊、济宁、日照、菏泽、威海 9 个市高校和研究机构 R&D 经费内部支出中企业资金占比高于全省平均水平。与上年相比，德州、菏泽、滨州、临沂、济宁、威海、济南、青岛、潍坊、东营 10 个市该指标值实现增长，其中，前 4 个市提高幅度均超过了 10 个百分点（图 2-68 至图 2-70)。

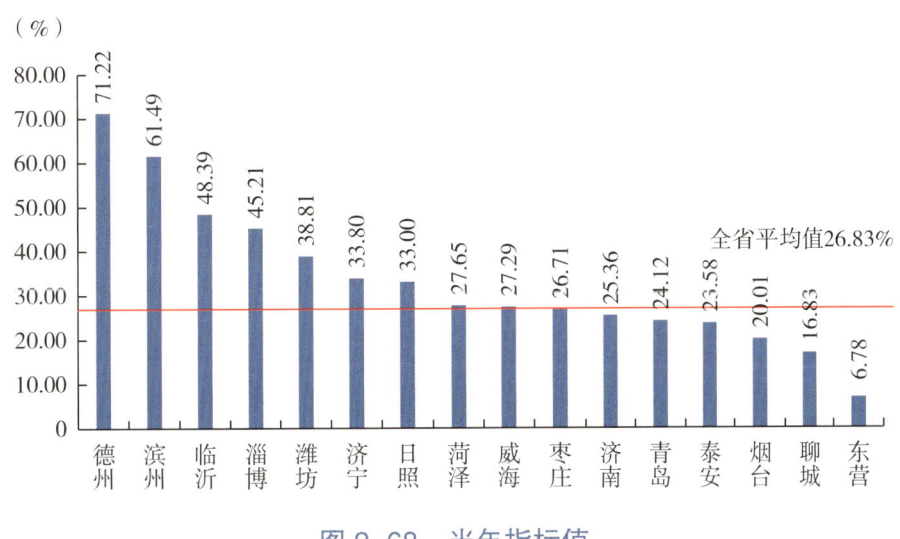

图 2-68　当年指标值

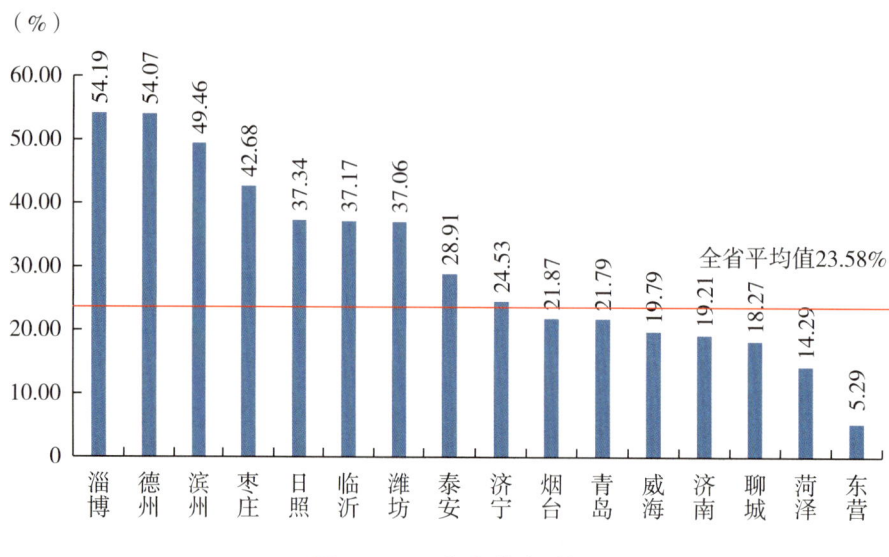

图 2-69　上年指标值

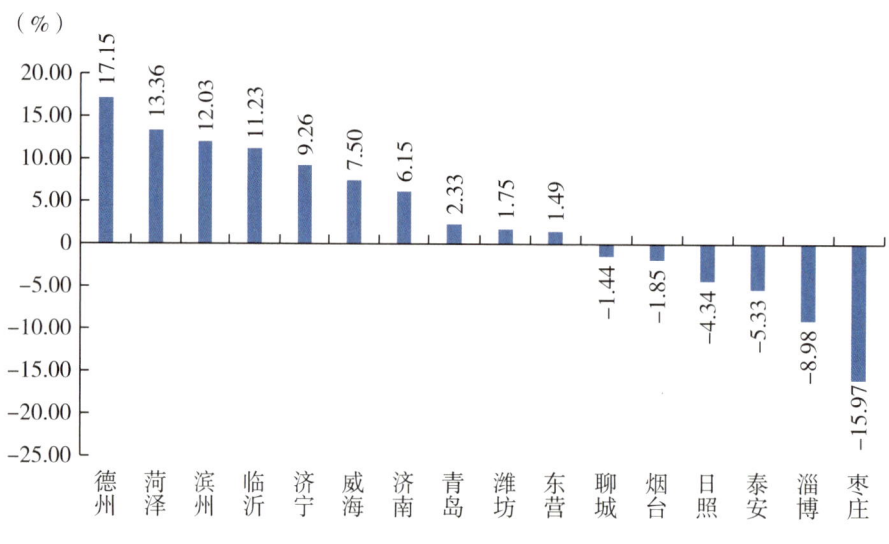

图 2-70　当年指标值与上年指标值之差

（二十一）每名 R&D 人员仪器和设备支出

2023 年，全省每名 R&D 人员仪器和设备支出平均值为 2.64 万元，较上年增加 0.05 万元。从各市来看，烟台、淄博、菏泽、聊城、济南、东营 6 个市每名 R&D 人员仪器和设备支出高于全省平均水平。相较于上年，烟台、聊城、威海、东营、日照、菏泽、青岛、泰安、济南、淄博 10 个市该指标实现增长；其中，烟台、聊城每名 R&D 人员仪器和设备支出增长超过 1 万元（图 2-71 至图 2-73）。

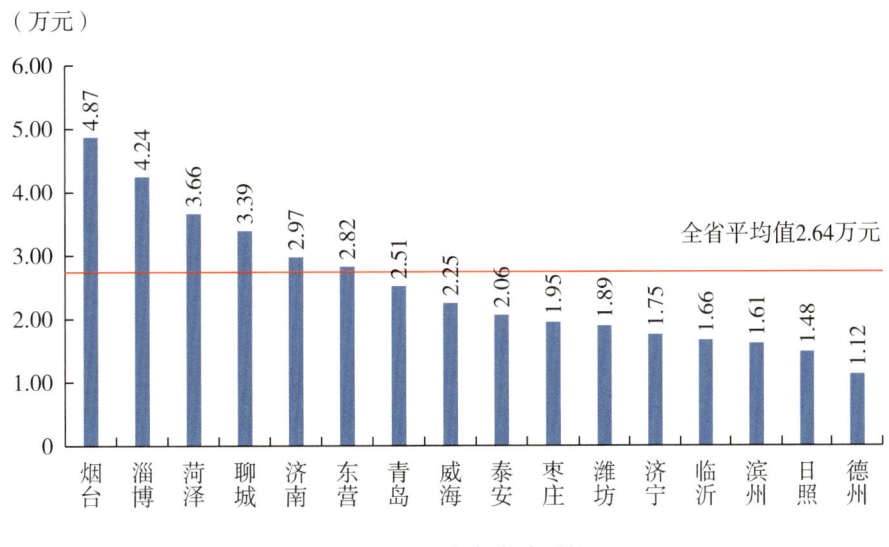

图 2-71　当年指标值

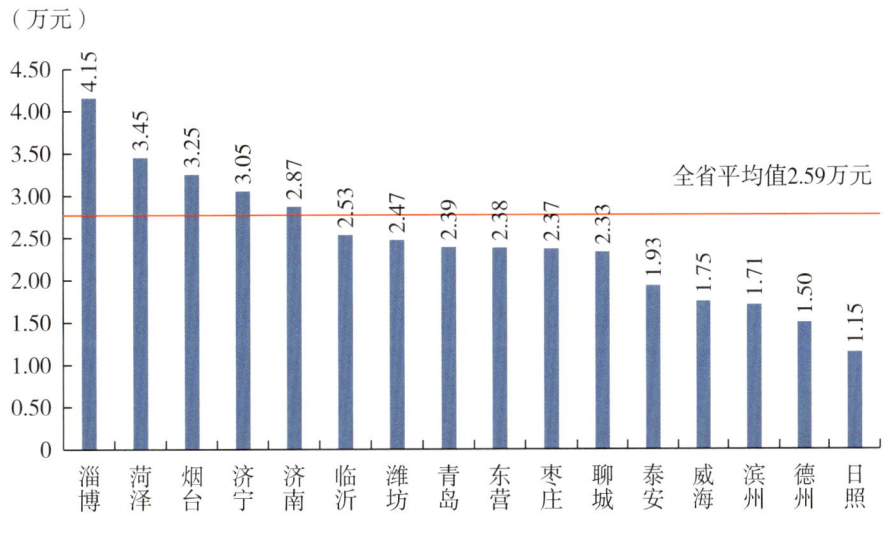

图 2-72　上年指标值

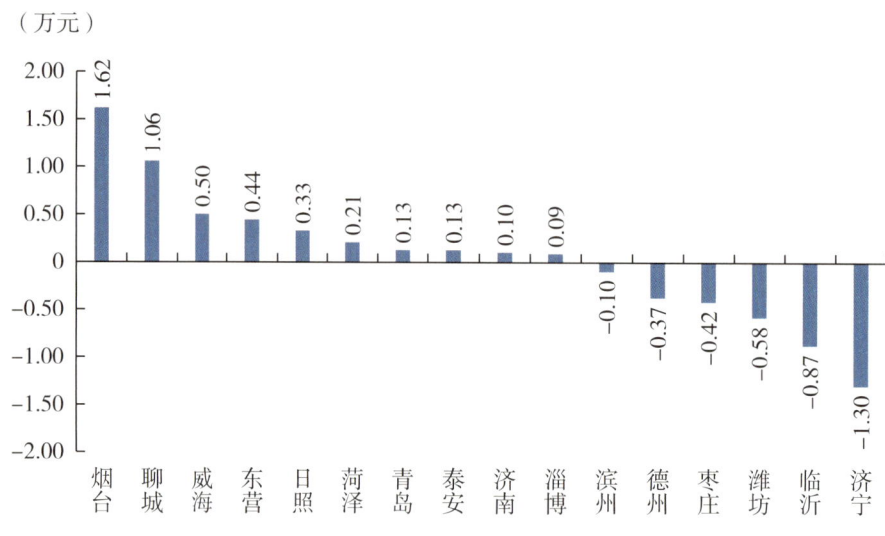

图 2-73　当年指标值与上年指标值之差

（二十二）每万家企业法人单位中高新技术企业数

2023 年，全省每万家企业法人单位中高新技术企业数平均值达 103.74 家，较上年增加 20.14 家。从各市来看，威海、济南、青岛、东营、淄博 5 个市每万家企业法人单位中高新技术企业数高于全省平均水平。与上年相比，16 市该指标值均实现增长，其中，威海、东营、济南、德州、日照、青岛、淄博、泰安 8 个市该指标值提高幅度超过全省平均水平（图 2-74 至图 2-76）。

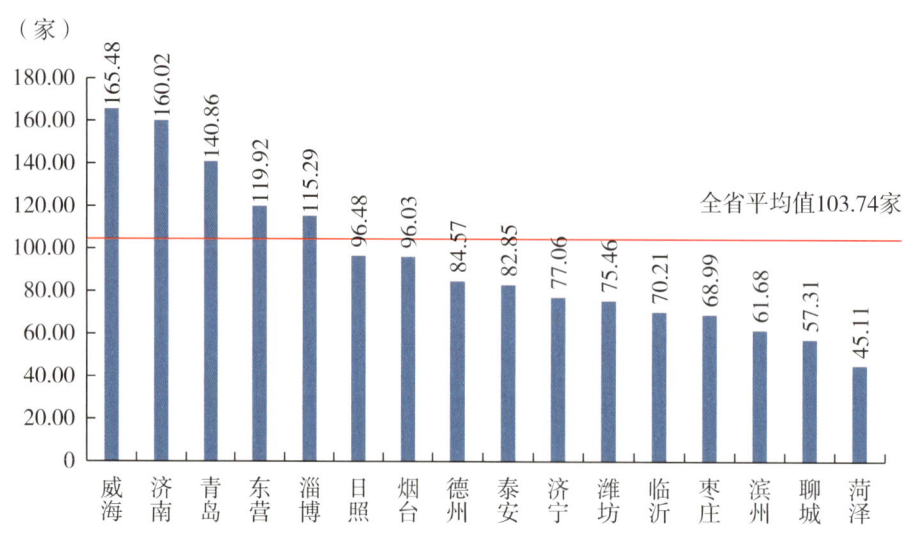

图 2-74　当年指标值

52

区域科技创新各级指标评价 | 第二部分

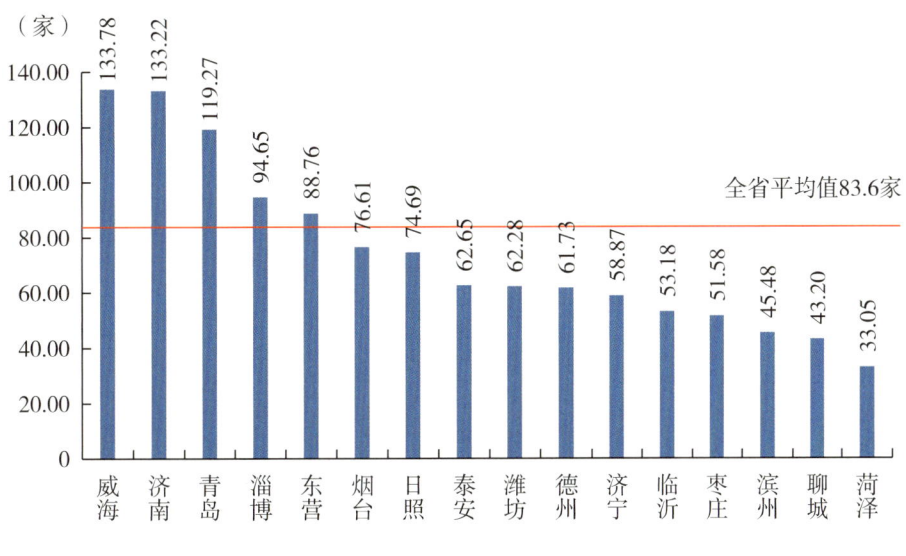

图 2-75 上年指标值

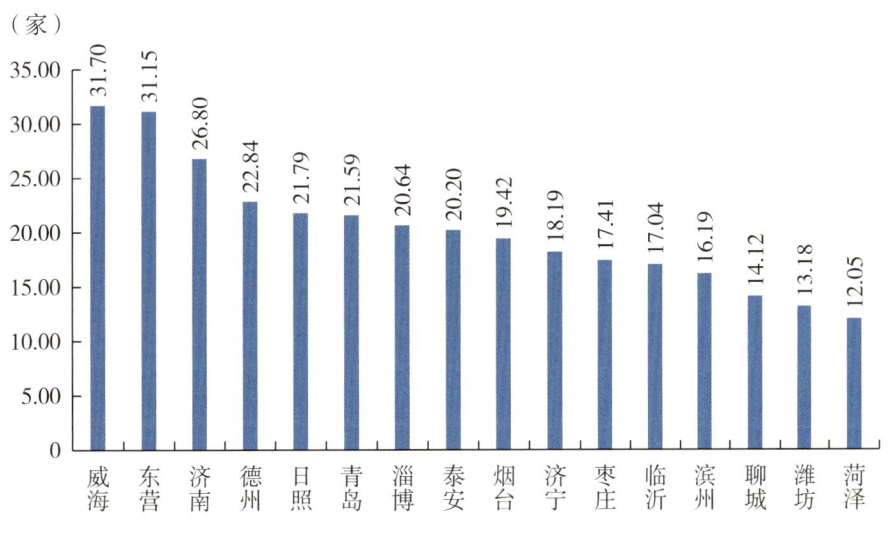

图 2-76 当年指标值与上年指标值之差

（二十三）科学研究和技术服务业平均工资比较系数

2023 年，全省科学研究和技术服务业平均工资比较系数平均值为 119.35%，较上年下降 5.79 个百分点。从各市来看，青岛、济南、烟台 3 个市科学研究和技术服务业平均工资比较系数超过全省平均水平。与上年相比，仅菏泽该指标值有所增长，其余 15 市均出现不同程度的下降，其中，烟台、聊城、泰安 3 个市该指标值下降幅度均超过了 10 个百分点（图 2-77 至图 2-79）。

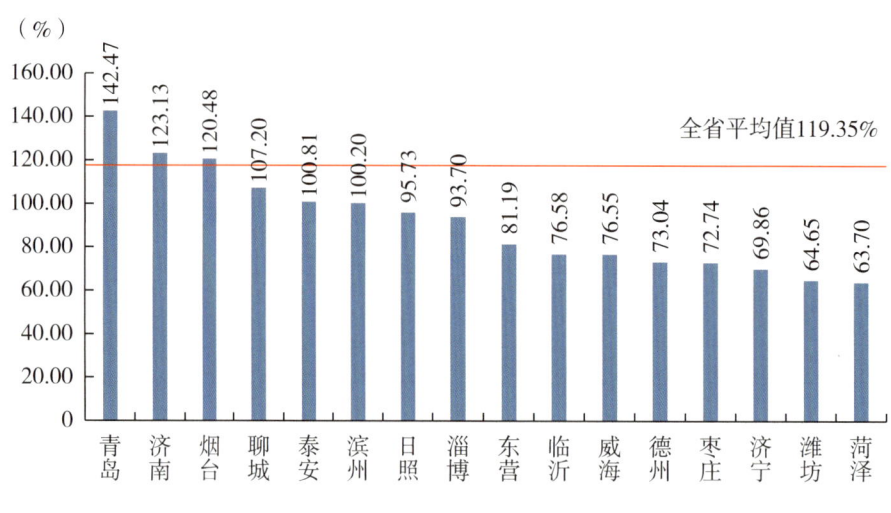

图 2-77　当年指标值

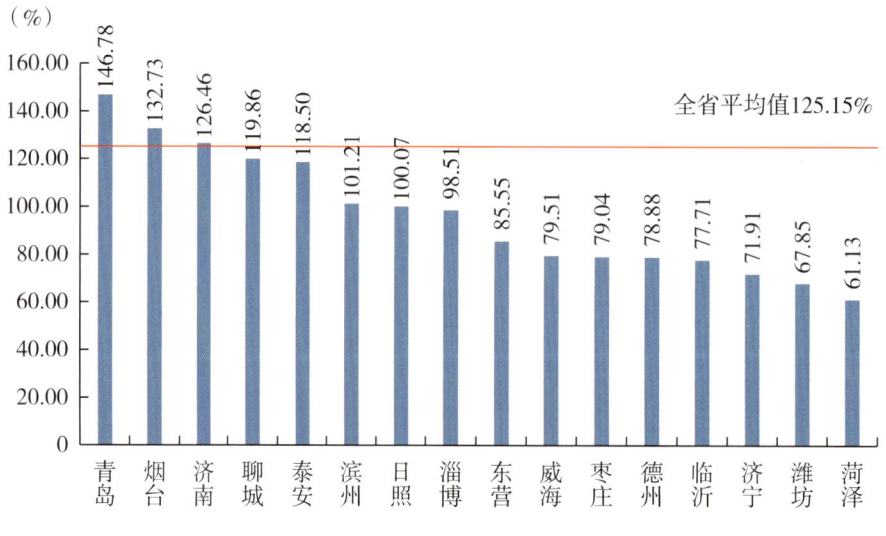

图 2-78　上年指标值

区域科技创新各级指标评价 | 第二部分

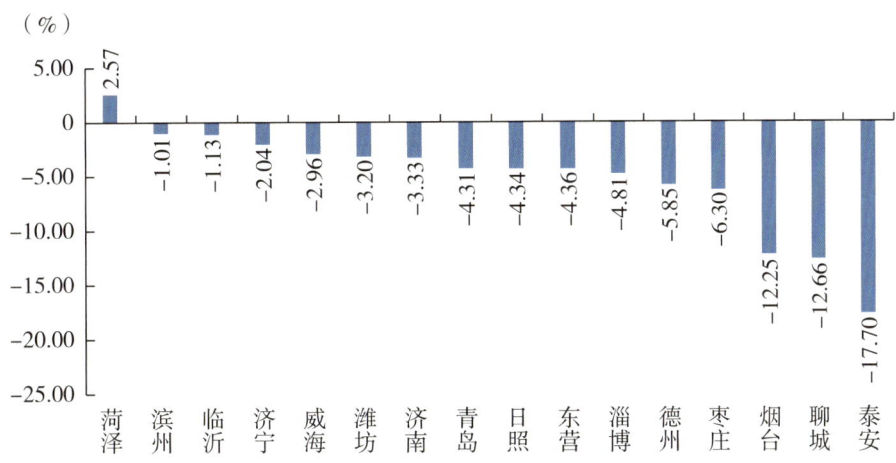

图 2-79　当年指标值与上年指标值之差

（二十四）实际使用外资金额占 GDP 比重

2023 年，全省实际使用外资金额占 GDP 比重平均值达 1.34%，较上年下降 0.42 个百分点。从各市来看，枣庄、滨州、青岛、烟台、威海、东营、济南、济宁、聊城、日照 10 个市实际使用外资金额占 GDP 比重高于全省平均水平。与上年相比，聊城、滨州、泰安 3 个市该指标值实现增长，其余 13 个市均下降，其中，烟台、威海、淄博、日照、临沂、青岛该指标值下降幅度高于全省平均水平（图 2-80 至图 2-82）。

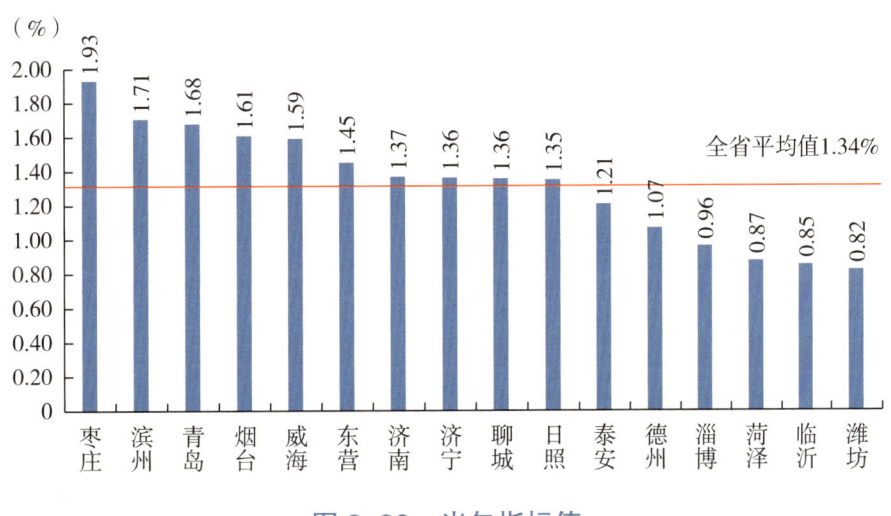

图 2-80　当年指标值

55

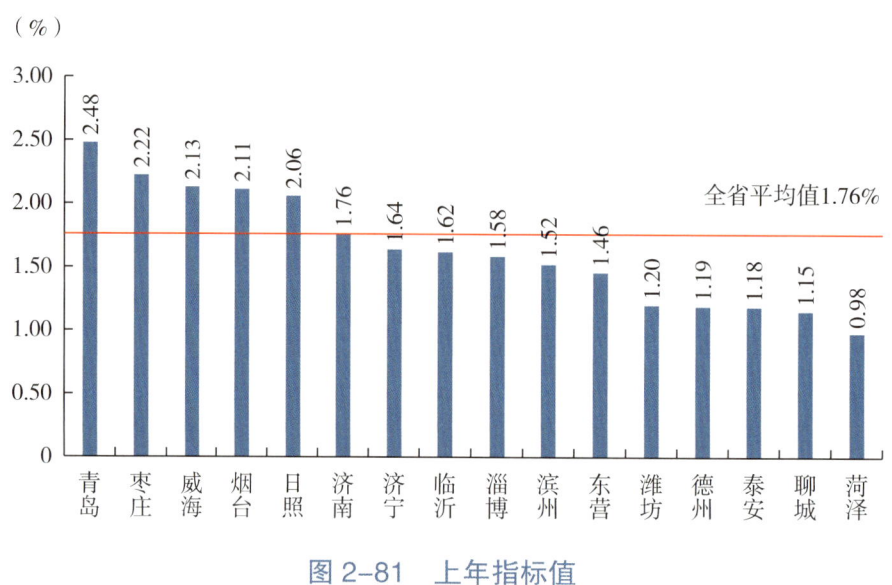

图 2-81　上年指标值

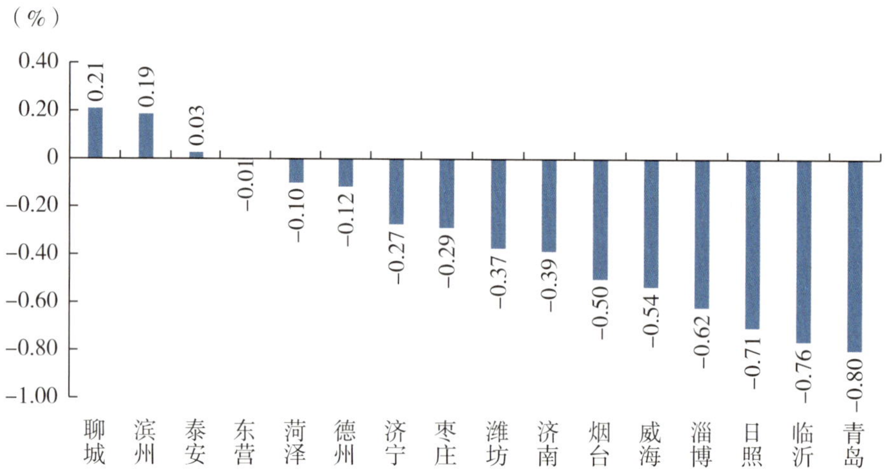

图 2-82　当年指标值与上年指标值之差

（二十五）享受研发费用加计扣除减免税政策的规上工业企业占规上工业企业的比重

2023年，全省享受研发费用加计扣除减免税政策的规上工业企业占规上工业企业的比重平均值达26.03%，较上年提高3.56个百分点。从各市来看，济宁、济南、烟台、青岛、淄博、枣庄、泰安、威海8个市享受研发费用加计扣除减免税政策的规上工业企业占规上工业企业的比重超过全省平均水平。与上年相比,济宁、枣庄、烟台、日照、青岛、泰安、潍坊、聊城、东营、济南、淄博该指标值实现增长;其中,济宁该指标值提高幅度最大,达31.68%,远超过其他市(图2-83至图2-85)。

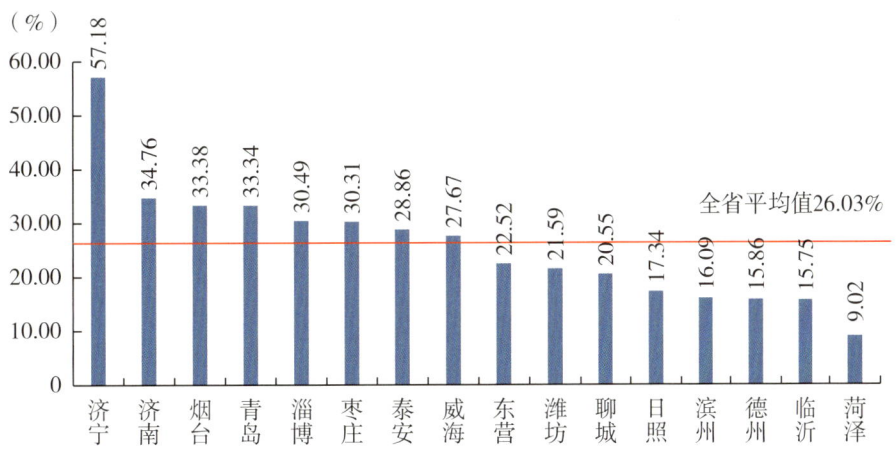

图 2-83 当年指标值

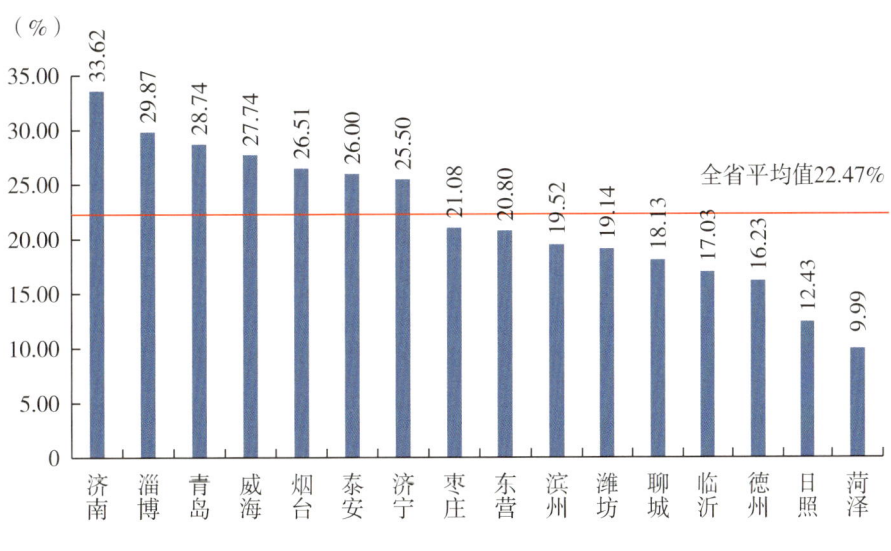

图 2-84 上年指标值

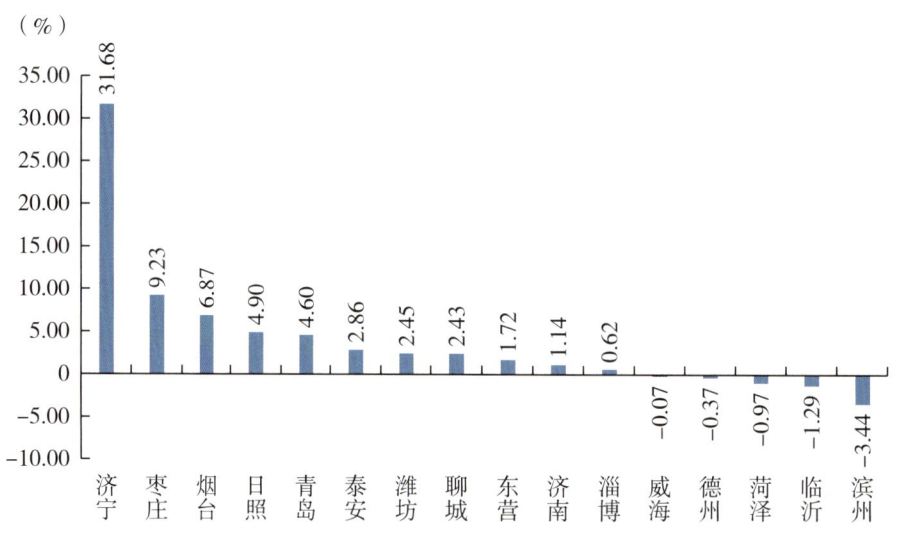

图 2-85　当年指标值与上年指标值之差

（二十六）全员劳动生产率

2023年，全省全员劳动生产率平均值达17.15万元/人，较上年增加0.74万元/人。从各市来看，东营、青岛、济南、烟台、威海、淄博6个市全员劳动生产率高于全省平均水平。与上年相比，16市全员劳动生产率均实现增长；其中，东营、烟台、济南、青岛该指标值均增加1万元以上（图2-86至图2-88）。

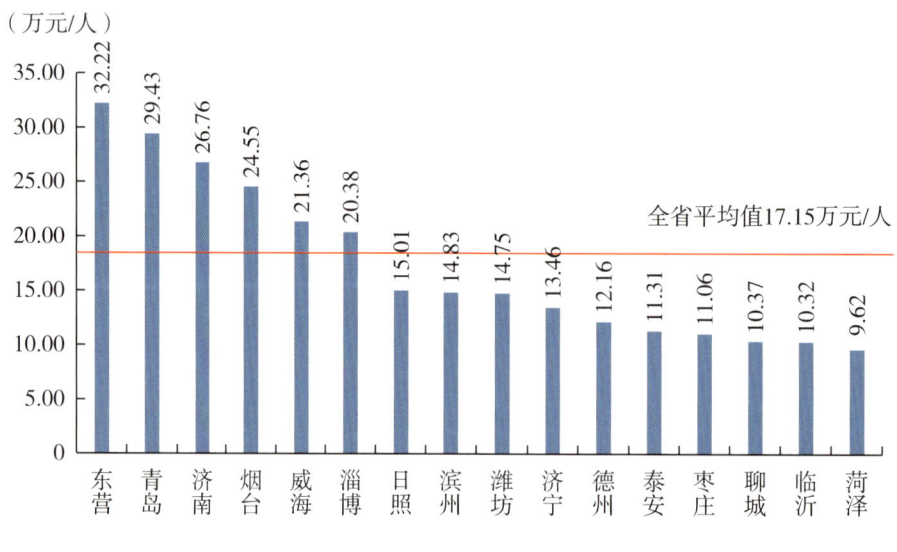

图 2-86　当年指标值

58

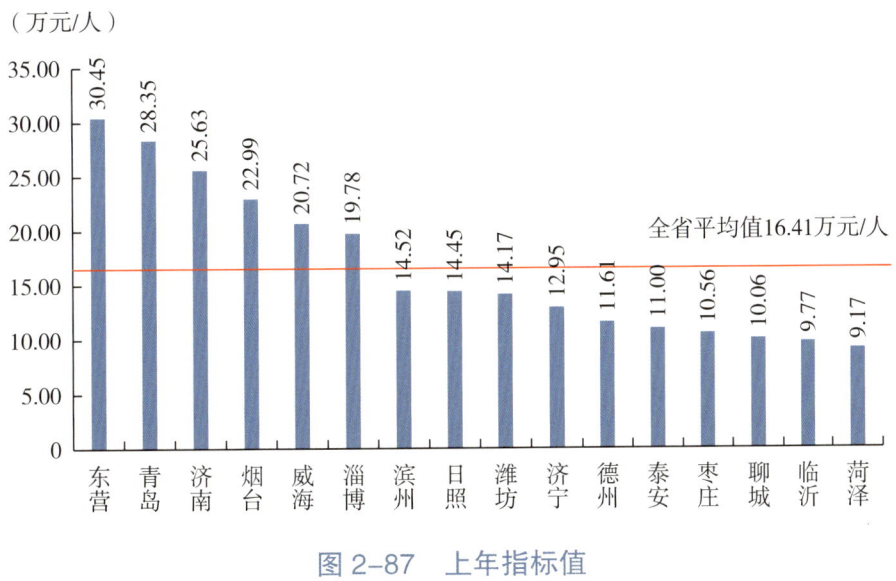

图 2-87 上年指标值

图 2-88 当年指标值与上年指标值之差

（二十七）科学研究和技术服务业增加值占 GDP 比重

2023 年，全省科学研究和技术服务业增加值占 GDP 比重平均值达 2.17%，较上年提高 0.07 个百分点。从各市来看，济南、青岛、东营、烟台 4 个市科学研究和技术服务业增加值占 GDP 比重超过全省平均水平。与上年相比，除日照该指标值略有下降外，其余 15 个市均实现增长；其中，东营、威海、烟台、菏泽、青岛该指标值提高幅度超过全省平均水平（图2-89至图2-91）。

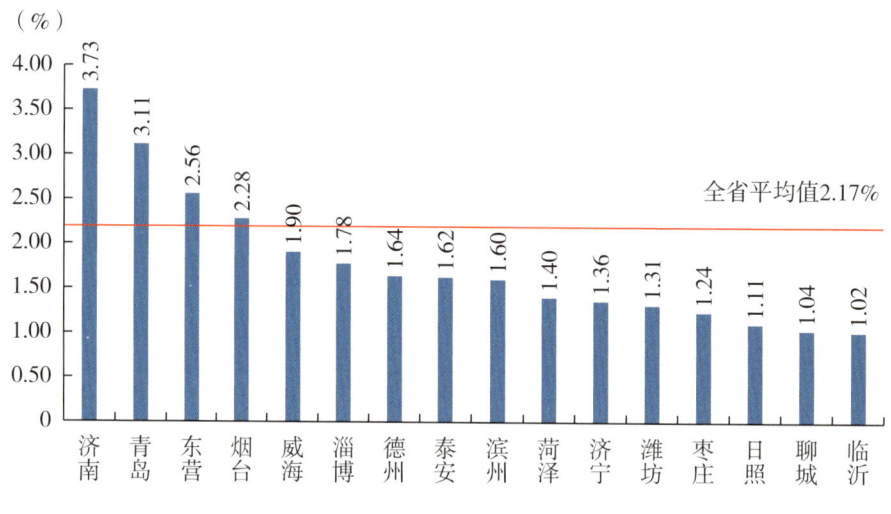

图 2-89　当年指标值

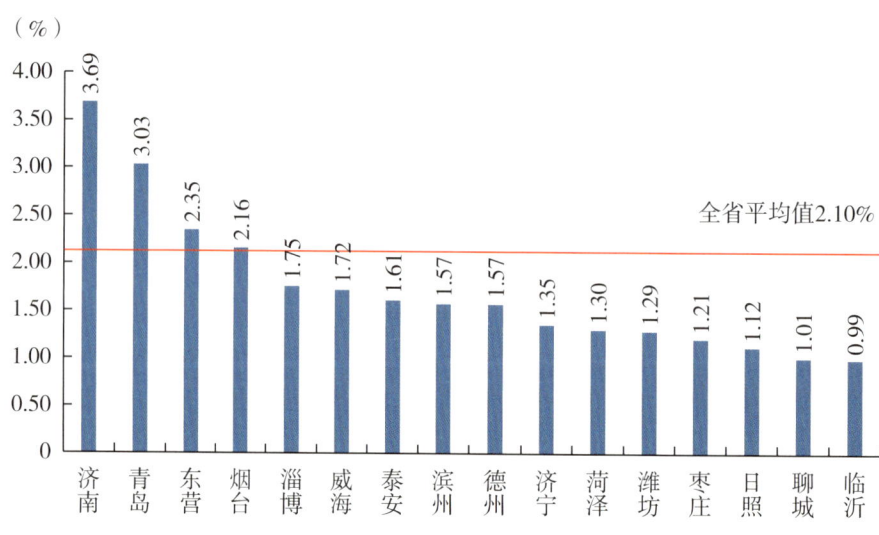

图 2-90　上年指标值

区域科技创新各级指标评价 | 第二部分

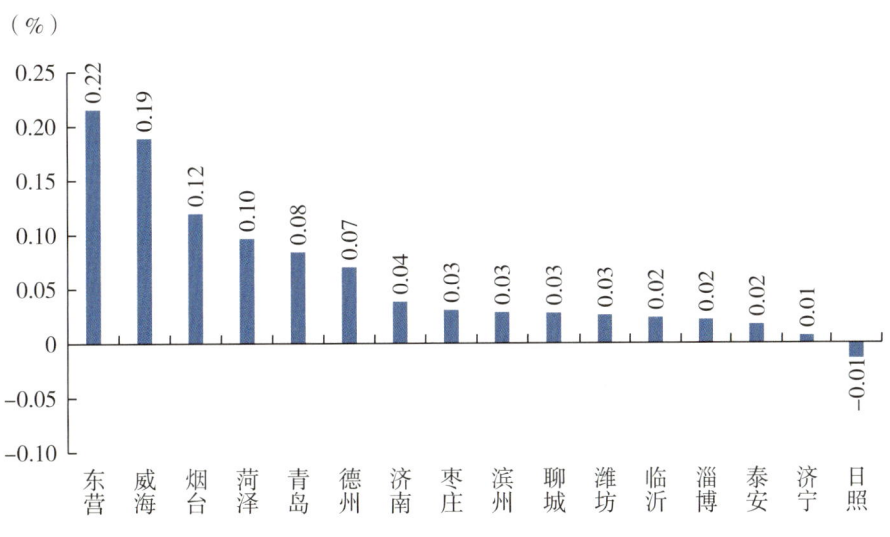

图 2-91 当年指标值与上年指标值之差

（二十八）"四新"经济增加值占 GDP 比重

2023 年，全省"四新"经济增加值占 GDP 比重平均值达 34.0%，较上年提高 1.1 个百分点。从各市来看，济南、滨州、淄博、青岛、威海、烟台、聊城 7 个市"四新"经济增加值占 GDP 比重超过全省平均水平。与上年相比，除滨州该指标值略有下降外，其余 15 个市均实现增长；其中，威海、泰安、临沂 3 个市该指标值提高幅度在 2 个百分点以上（图 2-92 至图 2-94）。

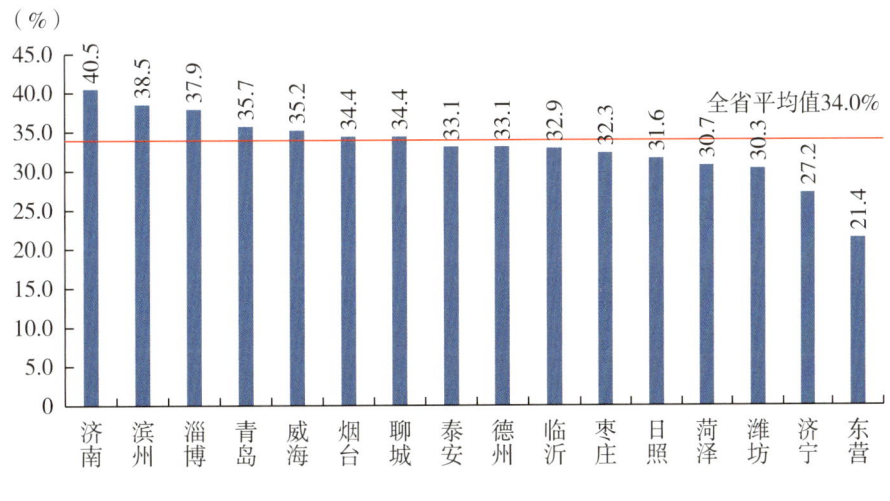

图 2-92 当年指标值

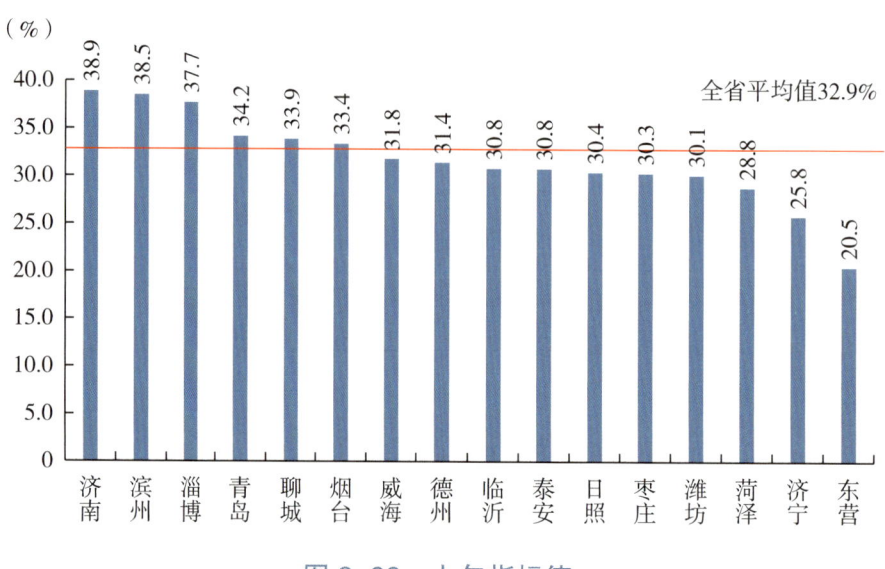

图 2-93　上年指标值

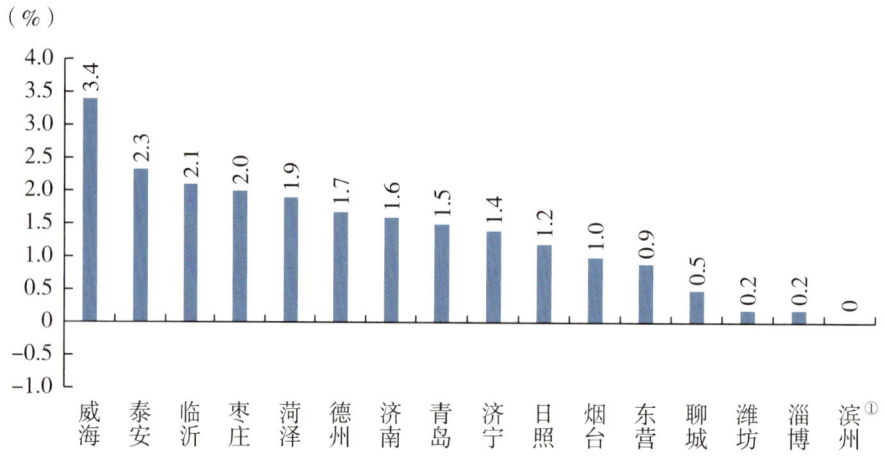

图 2-94　当年指标值与上年指标值之差

（注：滨州实际计算值为 -0.02，图中 0 为四舍五入结果）

（二十九）万元 GDP 综合能耗较上年下降率

2023 年，全省万元 GDP 综合能耗较上年降低率平均值达 6.69%，降幅较上年扩大 2.90 个百分点。从各市来看，德州、滨州、烟台、威海、东营 5 个市万元 GDP 综合能耗较上年降低率超过全省平均水平。与上年相比，德州、威海、烟台、临沂、滨州、东营、青岛、济宁、日照、聊城万元 GDP 综合能耗较上年降低幅度扩大，菏泽、泰安、济南、枣庄、潍坊、淄博万元 GDP 综合能耗较上年降低幅度收窄（图 2-95 至图 2-97）。

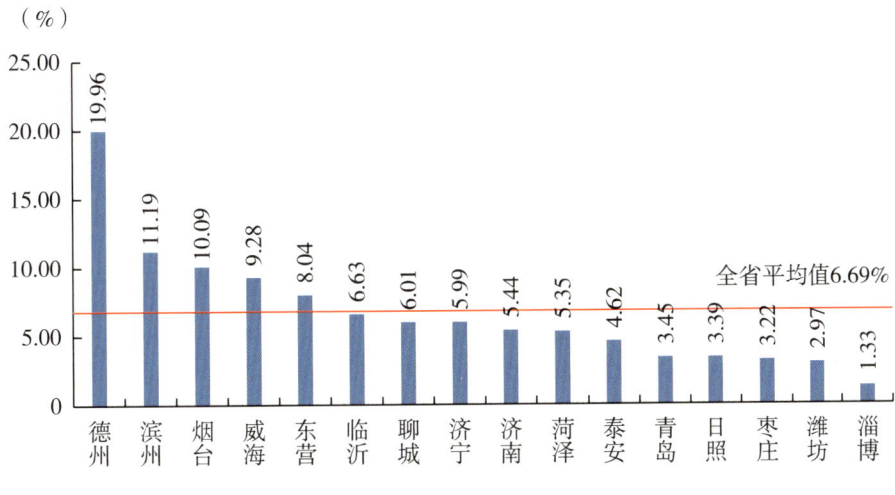

图 2-95 当年指标值

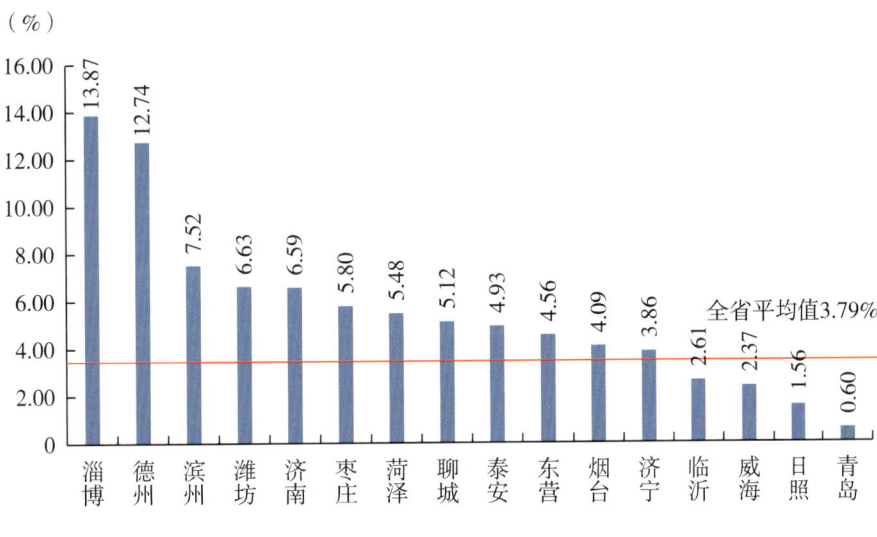

图 2-96 上年指标值

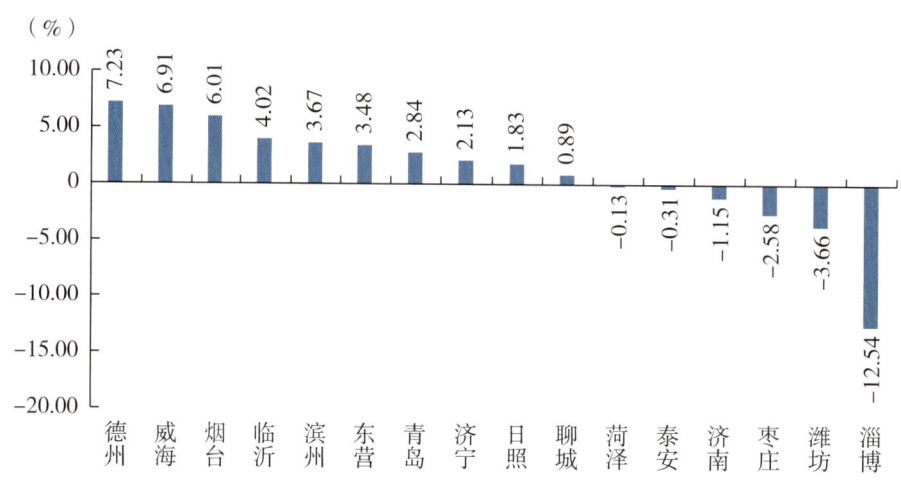

图 2-97　当年指标值与上年指标值之差

（三十）规上高新技术产业产值占规上工业产值比重

2023年，全省规上高新技术产业产值占规上工业产值比重平均值达51.35%，较上年提高3.09个百分点。从各市来看，威海、青岛、泰安、烟台、聊城、济南、潍坊、德州8个市规上高新技术产业产值占规上工业产值比重高于全省平均水平。与上年相比，除日照该指标值略有下降外，其余15个市该指标值均实现增长；其中，东营、济宁、聊城、德州4个市该指标值提高幅度超过5个百分点（图2-98至图2-100）。

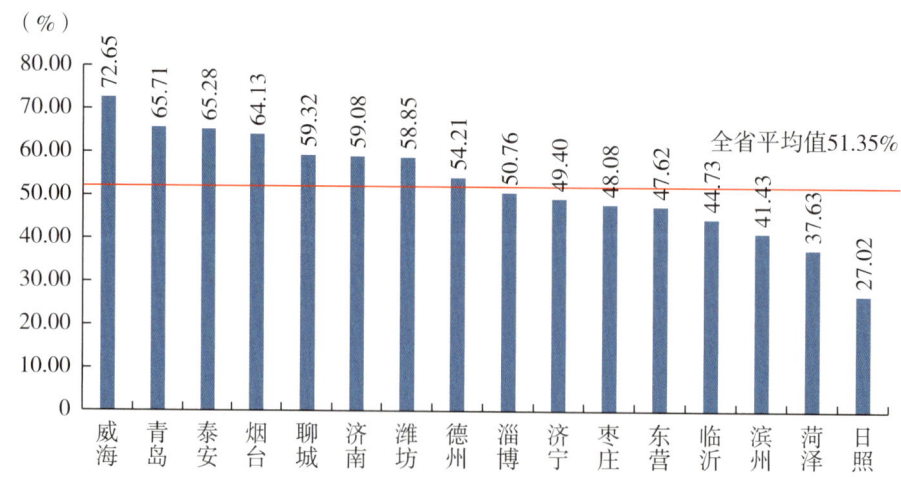

图 2-98　当年指标值

区域科技创新各级指标评价 | 第二部分

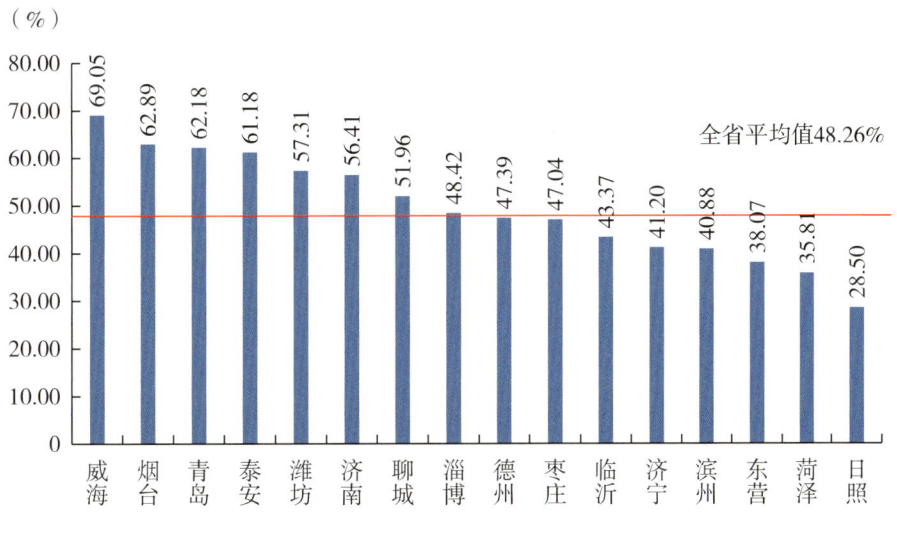

图 2-99 上年指标值

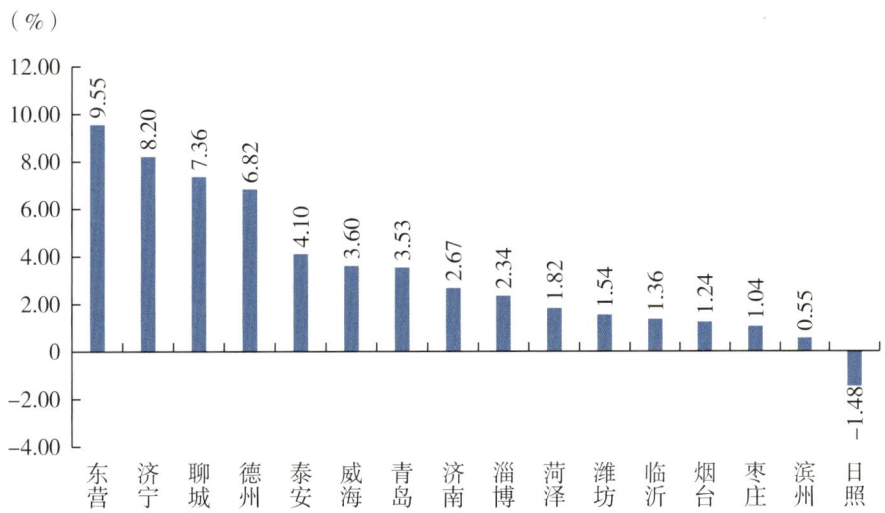

图 2-100 当年指标值与上年指标值之差

第三部分 区域综合科技创新水平分析

一、济南市

(一)科技创新发展情况

2023 年,济南市坚持以习近平新时代中国特色社会主义思想为指导,全面落实深化新旧动能转换推动绿色低碳高质量发展部署要求,大力实施创新驱动发展战略,围绕产业链布局创新链,集聚高端创新要素,加快推动科技成果转移转化,取得明显成效。在《全球创新指数 2024》中济南市排名全球科技集群第 49 位,较上年上升 6 个位次。经综合评估,济南市综合科技创新水平指数为 111.76%,较上年提高了 4.28 个百分点,排名全省第 2 位。

图 3-1 为 2023 年济南市一级评价指标指数与上年及全省平均水平比较情况。

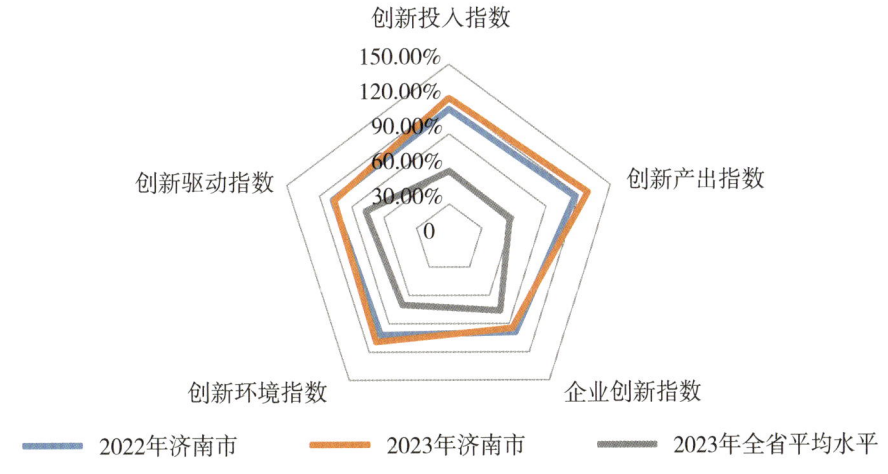

图 3-1 2023 年济南市一级评价指标指数与上年及全省平均水平比较情况

1.科技创新优势指标分析

创新投入稳步增长。2023年，济南市创新投入指数为120.55%，较上年提高9.54个百分点，居全省第1位。济南市持续加大科技经费投入力度，全社会R&D经费支出达到374.89亿元，较上年增长8.09%。地方财政科技支出较上年增长了64.69%，占一般公共预算支出的比重达到3.41%。凭借省会城市的区位优势，基础研究经费支出占R&D经费支出的比重达到9.33%，远高于全省平均水平。

创新产出效率提升。2023年，济南市创新产出指数为128.45%，较上年提高11.52个百分点，居全省第1位。技术合同成交额快速增长，高新技术产品出口值占商品出口总值比重达到14.83%，居全省第1位，反映了产业结构的持续优化，产品的科技竞争力不断增强。每亿元R&D经费支出发明专利授权数达到36.53件，居全省第1位，投入产出效率进一步提升。

创新环境进一步优化。2023年，济南市创新环境指数109.63%，较上年提高7.37个百分点，居全省第2位。普惠型政策落实有力，享受研发费用加计扣除减免税政策的规上工业企业的比重为34.76%，较上年提高1.14个百分点。科技型企业培育加速，产业结构进一步优化。

2.科技创新劣势指标分析

企业创新还需加力。济南市规上工业企业研发活跃度和研发创新能力有待进一步增强，有研发活动的规上工业企业数不足1000家，较上年下降幅度较大。规上工业企业新产品销售收入占营业收入比重仅居全省第11位，创新链对产业链的支撑力度不够。应加大政策扶持与资金投入，激励规上工业企业扩大研发规模、提升研发活跃度，强化产学研用深度融合，搭建创新协作平台，优化创新资源配置。

产学研合作不够深入。虽有高校和科研院所集聚的优势，但与企业需求结合不够紧密，创新成果转化不畅，双创载体能级不高，成果转化服务体系仍需加强。应建立高校、科研院所与企业的常态化对接机制，加强信息共享与交流，推动产学研合作深度融合。

（二）创新发展主要指标及位次

2023年，济南市地区生产总值（GDP）为12 757.42亿元，居全省第2位。全员劳动生产率为26.76万元/人，居全省第3位。"四新"经济增加值占GDP比重为40.5%，居全省第1位。万元GDP综合能耗较上年降低率为5.44%，居全省第

9位。

R&D人员全时当量为8.61万人年，居全省第2位。每万名就业人员中研发人员数为180.56人年，居全省第2位。R&D人员中研究人员占比为53.54%，居全省第1位。规上工业企业R&D人员占规上工业企业从业人员比重为11.48%，居全省第2位。

全社会R&D经费支出374.89亿元，较上年增长8.09%，占GDP比重为2.94%，较上年提高0.05个百分点，占比居全省第6位。基础研究经费支出34.98亿元，居全省第1位。地方财政科技支出为46.51亿元，较上年增长18.27亿元。规上工业企业R&D经费支出为200.29亿元，居全省第2位。高校和研究机构R&D经费内部支出中企业资金占比为25.36%，居全省第11位。

每万家企业法人单位中高新技术企业数160.02家，居全省第2位。有研发活动的规上工业企业数为915家，居全省第7位。规上高新技术产业产值占规上工业产值比重为59.08%，居全省第6位。

每万人高价值发明专利拥有量为23.67件，居全省第2位。每亿元R&D经费支出发明专利授权数为36.53件，居全省第1位。规上工业企业发明专利拥有量为28 785件，居全省第2位。万名研究人员科技论文数为9048.45篇，居全省第2位。登记技术合同成交额916.14亿元，较上年增长49.30%。

每名R&D人员仪器和设备支出为2.97万元，居全省第5位。科学研究和技术服务业平均工资比较系数为123.13%，居全省第2位。实际使用外资金额24.78亿美元，占GDP比重为1.37%，较上年下降0.39个百分点。

表3-1所示为2023年济南市科技创新各级指标值和排名与上年比较情况。

表 3-1　2023 年济南市科技创新各级指标值和排名与上年比较情况

指标名称	指标值 2022 年	指标值 2023 年	排名 2022 年	排名 2023 年
综合科技创新水平指数（%）	107.48	111.76	2	2
创新投入指数（%）	111.01	120.55	1	1
全社会 R&D 经费支出（亿元）	346.84	374.89	2	2
全社会 R&D 经费支出占 GDP 比重（%）	2.89	2.94	6	6
地方财政科技支出占一般公共预算支出的比重（%）	2.30	3.41	5	2
基础研究经费支出占 R&D 经费支出的比重（%）	8.63	9.33	1	1
R&D 人员全时当量（万人年）	8.04	8.61	2	2
每万名就业人员中研发人员数（人年）	171.42	180.56	2	2
R&D 人员中研究人员占比（%）	51.79	53.54	1	1
创新产出指数（%）	116.93	128.45	2	1
每亿元 GDP 技术合同成交额（万元）	510.48	718.12	4	1
每万人高价值发明专利拥有量（件）	17.62	23.67	2	2
万名研究人员科技论文数（篇）	9360.59	9048.45	2	2
每亿元 R&D 经费支出发明专利授权数（件）	34.17	36.53	2	1
高新技术产品出口值占商品出口总值比重（%）	13.36	14.83	1	1
企业创新指数（%）	99.41	95.09	2	2
规上工业企业 R&D 经费支出占营业收入比重（%）	2.22	2.08	4	4
规上工业企业 R&D 人员占规上工业企业从业人员比重（%）	12.40	11.48	3	2
有研发活动的规上工业企业数（家）	1224	915	5	7
有研发活动的规上工业企业占规上工业企业比重（%）	45.93	32.55	12	14
规上工业企业新产品销售收入（亿元）	2981.59	3760.41	5	6
规上工业企业新产品销售收入占营业收入比重（%）	35.62	39.12	12	11
每万名规上工业企业 R&D 人员发明专利拥有量（件）	6998.79	7364.85	1	1
高校和研究机构 R&D 经费内部支出中企业资金占比（%）	19.21	25.36	13	11
创新环境指数（%）	102.26	109.63	2	2
每名 R&D 人员仪器和设备支出（万元）	2.87	2.97	5	5
每万家企业法人单位中高新技术企业数（家）	133.22	160.02	2	2
科学研究和技术服务业平均工资比较系数（%）	126.46	123.13	3	2
实际使用外资金额占 GDP 比重（%）	1.76	1.37	6	7
享受研发费用加计扣除减免税政策的规上工业企业占规上工业企业的比重（%）	33.62	34.76	1	2
创新驱动指数（%）	107.73	106.36	1	1
全员劳动生产率（万元/人）	25.63	26.76	3	3
科学研究和技术服务业增加值占 GDP 比重（%）	3.69	3.73	1	1
"四新"经济增加值占 GDP 比重（%）	38.9	40.5	1	1
万元 GDP 综合能耗较上年降低率（%）	6.59	5.44	5	9
规上高新技术产业产值占规上工业产值比重（%）	56.41	59.08	6	6

二、青岛市

（一）科技创新发展情况

2023年，青岛市深入实施创新驱动发展战略，加快推进高水平科技自立自强，实现重大创新平台提质升级，培育战略科技力量。打造科技企业梯队，做强企业主体。强化关键核心技术攻关，推动高新技术产业崛起。在《全球创新指数2024》中青岛市排名全球科技集群第20位，较上年上升3个位次。经综合评价，青岛市综合科技创新水平指数为112.09%，居全省第1位；与上年相比，提高3.73个百分点。

图3-2为2023年青岛市一级评价指标指数与上年及全省平均水平比较情况。

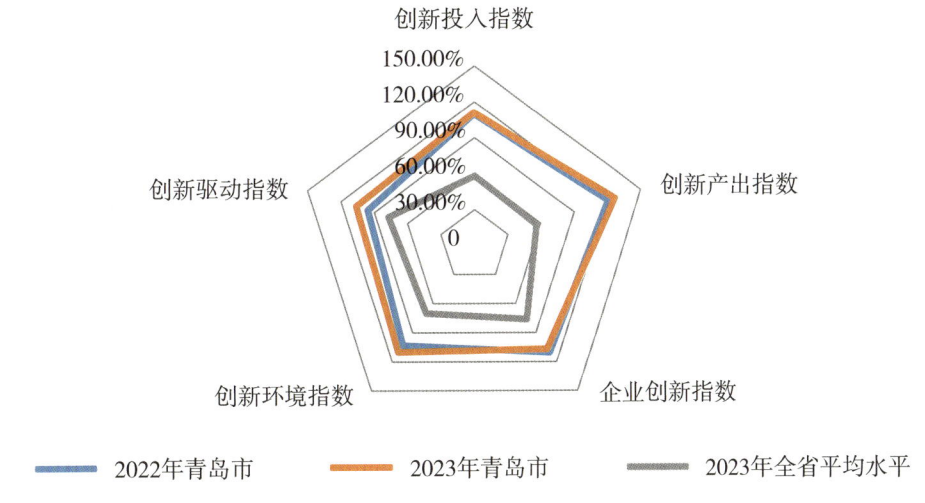

图3-2　2023年青岛市一级评价指标指数与上年及全省平均水平比较情况

1. 科技创新优势指标分析

创新投入指数持续提升。2023年，青岛市创新投入指数为110.82%，较上年提高1.13个百分点，居全省第2位。近年来，青岛市持续加大研发投入力度，全社会R&D经费支出达到433.47亿元，R&D人员全时当量达到9.70万人年，稳居全省第1位。研发经费投入强度和人力投入强度均超过全省平均水平。

创新产出成效明显。2023年，青岛市创新产出指数为126.58%，较上年提高6.21个百分点，居全省第2位。近年来，青岛市重视科技产出成果质效提升，高价值发明专利接近 2.5 万件，占到全省的 28%，万人高价值发明专利是全省平均水平的 3 倍。科技论文数量超过全省的 1/3。

企业创新优势明显。2023 年，青岛市企业创新指数为 107.12%，保持全省第 1 位。近年来，青岛市不断强化企业创新主体地位，鼓励企业开展研发活动，规上工业企业研发投入强度超过 2%，虽然有研发活动企业减少 800 余家，但企业研发经费较上年增长 5.58%，每家企业平均研发经费由上年的 998 万元上升到 1555 万元。企业新产品研发能力进一步增强，规上工业企业新产品销售收入接近 6000 亿元，较上年增长 32.33%。企业专利产出持续提升，每万名规上工业企业 R&D 人员发明专利拥有量 6812.27 件，有力地支撑了青岛市科技创新能力的提升。

创新环境不断改善。2023 年，青岛市创新环境指数为 110.36%，较上年提高 7.00 个百分点，居全省第 1 位。近年来，青岛市修订《青岛市科学技术奖励办法实施细则》，在全国率先设立科技成果转化贡献奖。出台 20 条政策，支持青年科技人才挑大梁、担主角；科技型企业培育由量向质转变，科技创新生态得到进一步优化提升。

2. 科技创新劣势指标分析

企业研发活跃度有待提升。2023 年，青岛市有研发活动的规上工业企业占规上工业企业比重由上年的 55.80% 下降到 35.24%，居全省第 12 位。应进一步激发企业开展研发活动的积极性，加快推动规上工业企业小升规，提升企业研发活动质效。

研发投入强度有待提高。2023 年，青岛市全社会参与科技创新、投入科技研发的积极性未充分激发，研发投入强度仅居全省第 8 位。应加大激励措施和宣传力度，推动高校、科研机构和企业开展研发活动，营造研发创新的良好氛围。

地方财政科技支出及占比有待提高。2023 年，青岛市地方财政科技支出及占比均下降，会影响社会对科技创新的信心和积极性，导致社会创新氛围不足。应建立财政科技资金稳定增长机制，优化地方财政科技投入，强化创新要素支撑。

（二）创新发展主要指标及位次

2023 年，青岛市地区生产总值（GDP）为 15 760.34 亿元，居全省第 1 位。全员劳动生产率为 29.43 万元 / 人，居全省第 2 位。"四新"经济增加值占 GDP 比重为 35.7%，居全省第 4 位。万元 GDP 综合能耗较上年降低率为 3.45%，居全省第 12 位。

区域综合科技创新水平分析 | 第三部分

R&D人员全时当量为9.70万人年，居全省第1位。每万名就业人员中研发人员数为181.16人年，居全省第1位。R&D人员中研究人员占比为46.67%，居全省第2位。规上工业企业R&D人员占规上工业企业从业人员比重为10.84%，居全省第3位。

全社会R&D经费支出433.47亿元，较上年增长8.32%，占GDP比重为2.75%，较上年提高0.08个百分点，占比居全省第8位。基础研究经费支出27.91亿元，居全省第2位。地方财政科技支出为42.79亿元，较上年下降6.70亿元。规上工业企业R&D经费支出为271.21亿元，居全省第1位。高校和研究机构R&D经费内部支出中企业资金占比为24.12%，居全省第12位。

每万家企业法人单位中高新技术企业数140.86家，居全省第3位。有研发活动的规上工业企业数为1744家，居全省第1位。规上高新技术产业产值占规上工业产值比重为65.71%，居全省第2位。

每万人高价值发明专利拥有量为23.80件，居全省第1位。每亿元R&D经费支出发明专利授权数为35.95件，居全省第2位。规上工业企业发明专利拥有量为39 603件，居全省第1位。万名研究人员科技论文数为9935.50篇，居全省第1位。登记技术合同成交额632.34亿元，较上年增长59.98%。

每名R&D人员仪器和设备支出为2.51万元，居全省第7位。科学研究和技术服务业平均工资比较系数为142.47%，居全省第1位。实际使用外资金额37.53亿美元，占GDP比重为1.68%，较上年下降0.80个百分点。

表3-2所示为2023年青岛市科技创新各级指标值和排名与上年比较情况。

表 3-2　2023 年青岛市科技创新各级指标值和排名与上年比较情况

指标名称	指标值 2022 年	指标值 2023 年	排名 2022 年	排名 2023 年
综合科技创新水平指数（%）	108.36	112.09	1	1
创新投入指数（%）	109.68	110.82	2	2
全社会 R&D 经费支出（亿元）	400.18	433.47	1	1
全社会 R&D 经费支出占 GDP 比重（%）	2.67	2.75	7	8
地方财政科技支出占一般公共预算支出的比重（%）	2.92	2.49	2	5
基础研究经费支出占 R&D 经费支出的比重（%）	6.54	6.44	2	2
R&D 人员全时当量（万人年）	9.55	9.70	1	1
每万名就业人员中研发人员数（人年）	180.81	181.16	1	1
R&D 人员中研究人员占比（%）	44.91	46.67	2	2
创新产出指数（%）	120.37	126.58	1	2
每亿元 GDP 技术合同成交额（万元）	264.06	401.22	14	16
每万人高价值发明专利拥有量（件）	18.46	23.80	1	1
万名研究人员科技论文数（篇）	10 456.59	9935.50	1	1
每亿元 R&D 经费支出发明专利授权数（件）	36.29	35.95	1	2
高新技术产品出口值占商品出口总值比重（%）	7.18	7.94	6	5
企业创新指数（%）	110.72	107.12	1	1
规上工业企业 R&D 经费支出占营业收入比重（%）	2.09	2.07	5	5
规上工业企业 R&D 人员占规上工业企业从业人员比重（%）	12.24	10.84	4	3
有研发活动的规上工业企业数（家）	2574	1744	1	1
有研发活动的规上工业企业占规上工业企业比重（%）	55.80	35.24	9	12
规上工业企业新产品销售收入（亿元）	4506.08	5962.87	1	1
规上工业企业新产品销售收入占营业收入比重（%）	36.70	45.45	9	8
每万名规上工业企业 R&D 人员发明专利拥有量（件）	4924.05	6812.27	2	2
高校和研究机构 R&D 经费内部支出中企业资金占比（%）	21.79	24.12	11	12
创新环境指数（%）	103.36	110.36	1	1
每名 R&D 人员仪器和设备支出（万元）	2.39	2.51	8	7
每万家企业法人单位中高新技术企业数（家）	119.27	140.86	3	3
科学研究和技术服务业平均工资比较系数（%）	146.78	142.47	1	1
实际使用外资金额占 GDP 比重（%）	2.48	1.68	1	3
享受研发费用加计扣除减免税政策的规上工业企业占规上工业企业的比重（%）	28.74	33.34	3	4
创新驱动指数（%）	95.51	105.68	2	2
全员劳动生产率（万元/人）	28.35	29.43	2	2
科学研究和技术服务业增加值占 GDP 比重（%）	3.03	3.11	2	2
"四新"经济增加值占 GDP 比重（%）	34.2	35.7	4	4
万元 GDP 综合能耗较上年降低率（%）	0.60	3.45	16	12
规上高新技术产业产值占规上工业产值比重（%）	62.18	65.71	3	2

三、淄博市

（一）科技创新发展情况

2023年，淄博市扎实推动国家创新型城市建设，新增省级以上创新平台28个，获得省级以上科学技术奖13项，山东得益乳业股份有限公司获第九届山东省省长质量奖，全市入选国家级重点人才工程15人、泰山人才工程27人，获批国家知识产权强市建设示范城市。创新驱动发展战略深入实施，全市瞪羚企业、独角兽企业、哪吒企业达306家。培育壮大优势主导产业，高端精细化工、新医药入选"2023中国百强产业集群"，新增2个省"十强"产业"雁阵形"集群、3个省级特色产业集群。经综合评价，淄博市综合科技创新水平指数为73.14%，居全省第4位；与上年相比，提高0.49个百分点。

图3-3为2023年淄博市一级评价指标指数与上年及全省平均水平比较情况。

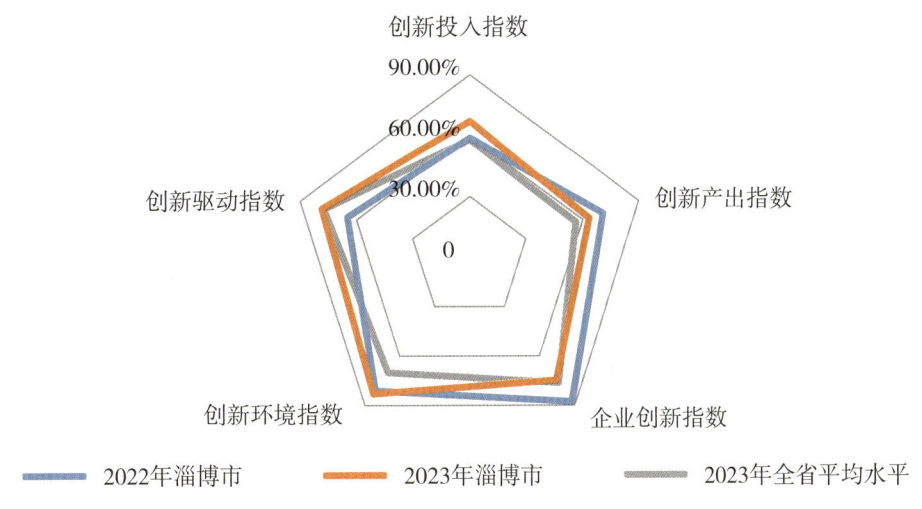

图3-3　2023年淄博市一级评价指标指数与上年及全省平均水平比较情况

1.科技创新优势指标分析

创新投入跃升明显。2023年，淄博市创新投入指数为67.33%，较上年提高8.26个百分点，居全省第4位。强化创新链前端基础研究布局，基础研究经费支出占R&D经费支出的比重较上年提高2.39个百分点，提升5个位次。政府引导性投入不断增加，地方财政科技支出占一般公共预算支出的比重较上年提高2个位次。

创新环境持续改善。2023年，淄博市创新环境指数为82.73%，较上年提高1.76个百分点，居全省第4位。研发物质条件改善，每名R&D人员仪器和设备支出较上年增长0.09万元。创新主体规模和密度扩大，每万家企业法人单位中高新技术企业数较上年增长20.64家。

创新驱动强劲突破。2023年，淄博市创新驱动指数为78.40%，较上年提高13.51个百分点，居全省第6位。劳动力创造价值能力持续提升，全员劳动生产率较上年增长0.60万元/人。新兴经济培育有力，"四新"经济增加值占GDP比重较上年提高0.2个百分点，保持全省第3位。高新技术引领产业集群不断壮大，规上高新技术产业产值占规上工业产值比重较上年提高2.34个百分点。

2. 科技创新劣势指标分析

企业创新动能回调。2023年，淄博市高校和研究机构R&D经费内部支出中企业资金占比下降3个位次。规上工业企业R&D经费支出占营业收入比重下降0.08个百分点。应强化政策引导，激励企业加大研发投入，建立"企业需求—高校成果"常态化对接机制，着力破解校企协同创新黏性不足、研发投入强度弱化等问题，推动企业创新能力不断提升。

研发人力下降。2023年，淄博市R&D人员全时当量下降2个位次，每万名就业人员中研发人员数较上年下降9.05人年，规上工业企业R&D人员占规上工业企业从业人员比重较上年下降2.21个百分点。应强化校企联合培养机制和高端人才政策激励，构建"引才—育才—留才"全链条生态，为创新发展筑牢智力支撑。

（二）创新发展主要指标及位次

2023年，淄博市地区生产总值（GDP）为4561.79亿元，居全省第7位。全员劳动生产率为20.38万元/人，居全省第6位。"四新"经济增加值占GDP比重为37.9%，居全省第3位。万元GDP综合能耗较上年降低率为1.33%，居全省第16位。

R&D人员全时当量为3.08万人年，居全省第7位。每万名就业人员中研发人员数为137.54人年，居全省第4位。R&D人员中研究人员占比为30.75%，居全省第5位。规上工业企业R&D人员占规上工业企业从业人员比重为10.40%，居全省第6位。

全社会R&D经费支出136.75亿元，较上年增长5.69%，占GDP比重为3.00%，较上年提高 0.05 个百分点，占比居全省第 5 位。基础研究经费支出 6.38 亿元，居全省第 4 位。地方财政科技支出为 8.21 亿元，较上年增长 0.91 亿元。规上工业企业 R&D 经费支出为 109.91 亿元，居全省第 6 位。高校和研究机构 R&D 经费内部支出中企业资金占比为 45.21%，居全省第 4 位。

每万家企业法人单位中高新技术企业数 115.29 家，居全省第 5 位。有研发活动的规上工业企业数为 750 家，居全省第 10 位。规上高新技术产业产值占规上工业产值比重为 50.76%，居全省第 9 位。

每万人高价值发明专利拥有量为 9.54 件，居全省第 6 位。每亿元 R&D 经费支出发明专利授权数为 18.54 件，居全省第 6 位。规上工业企业发明专利拥有量为 9616 件，居全省第 5 位。万名研究人员科技论文数为 4808.75 篇，居全省第 6 位。登记技术合同成交额 307.50 亿元，较上年增长 0.68%。

每名 R&D 人员仪器和设备支出为 4.24 万元，居全省第 2 位。科学研究和技术服务业平均工资比较系数为 93.70%，居全省第 8 位。实际使用外资金额 6.23 亿美元，占 GDP 的比重为 0.96%，较上年下降 0.62 个百分点。

表 3-3 所示为 2023 年淄博市科技创新各级指标值和排名与上年比较情况。

表 3-3　2023 年淄博市科技创新各级指标值和排名与上年比较情况

指标名称	指标值		排名	
	2022 年	2023 年	2022 年	2023 年
综合科技创新水平指数（%）	72.65	73.14	4	4
创新投入指数（%）	59.08	67.33	5	4
全社会 R&D 经费支出（亿元）	129.39	136.75	6	6
全社会 R&D 经费支出占 GDP 比重（%）	2.95	3.00	5	5
地方财政科技支出占一般公共预算支出的比重（%）	1.39	1.49	10	8
基础研究经费支出占 R&D 经费支出的比重（%）	2.28	4.67	8	3
R&D 人员全时当量（万人年）	3.25	3.08	5	7
每万名就业人员中研发人员数（人年）	146.60	137.54	4	4
R&D 人员中研究人员占比（%）	30.21	30.75	7	5
创新产出指数（%）	70.62	63.31	4	4
每亿元 GDP 技术合同成交额（万元）	696.09	674.08	1	2
每万人高价值发明专利拥有量（件）	7.46	9.54	6	6
万名研究人员科技论文数（篇）	4084.93	4808.75	6	6
每亿元 R&D 经费支出发明专利授权数（件）	15.98	18.54	9	6
高新技术产品出口值占商品出口总值比重（%）	4.52	5.50	11	8
企业创新指数（%）	87.61	74.53	5	10
规上工业企业 R&D 经费支出占营业收入比重（%）	1.70	1.63	9	10
规上工业企业 R&D 人员占规上工业企业从业人员比重（%）	12.61	10.40	2	6
有研发活动的规上工业企业数（家）	1144	750	6	10
有研发活动的规上工业企业占规上工业企业比重（%）	56.66	35.56	4	10
规上工业企业新产品销售收入（亿元）	2639.33	2364.40	7	10
规上工业企业新产品销售收入占营业收入比重（%）	40.52	35.00	3	14
每万名规上工业企业 R&D 人员发明专利拥有量（件）	3264.67	3793.62	4	3
高校和研究机构 R&D 经费内部支出中企业资金占比（%）	54.19	45.21	1	4
创新环境指数（%）	80.97	82.73	3	4
每名 R&D 人员仪器和设备支出（万元）	4.15	4.24	1	2
每万家企业法人单位中高新技术企业数（家）	94.65	115.29	4	5
科学研究和技术服务业平均工资比较系数（%）	98.51	93.70	8	8
实际使用外资金额占 GDP 比重（%）	1.58	0.96	9	13
享受研发费用加计扣除减免税政策的规上工业企业占规上工业企业的比重（%）	29.87	30.49	2	5
创新驱动指数（%）	64.89	78.40	6	6
全员劳动生产率（万元/人）	19.78	20.38	6	6
科学研究和技术服务业增加值占 GDP 比重（%）	1.75	1.78	5	6
"四新"经济增加值占 GDP 比重（%）	37.7	37.9	3	3
万元 GDP 综合能耗较上年降低率（%）	13.87	1.33	1	16
规上高新技术产业产值占规上工业产值比重（%）	48.42	50.76	8	9

四、枣庄市

（一）科技创新发展情况

2023年，枣庄市加快推进国家可持续发展议程创新示范区建设，综合科技创新能力持续增强。新增国家级专精特新"小巨人"企业5家、国家级绿色工厂5家，省级创新型中小企业、"专精特新"中小企业、瞪羚企业分别达到679家、336家、60家，威智医药获批国家企业技术中心，启迪之星（枣庄）被认定为国家级科技企业孵化器，创新活力不断提升。高层次人才不断聚集，新入选国家级高层次人才3人，入选科技类泰山产业领军人才6人，新推荐2名外籍院士申请省级引进顶尖人才"一事一议"项目。经综合评价，枣庄市综合科技创新水平指数为53.11%，居全省第14位；与上年相比，提高0.99个百分点。

图3-4为2023年枣庄市一级评价指标指数与上年及全省平均水平比较情况。

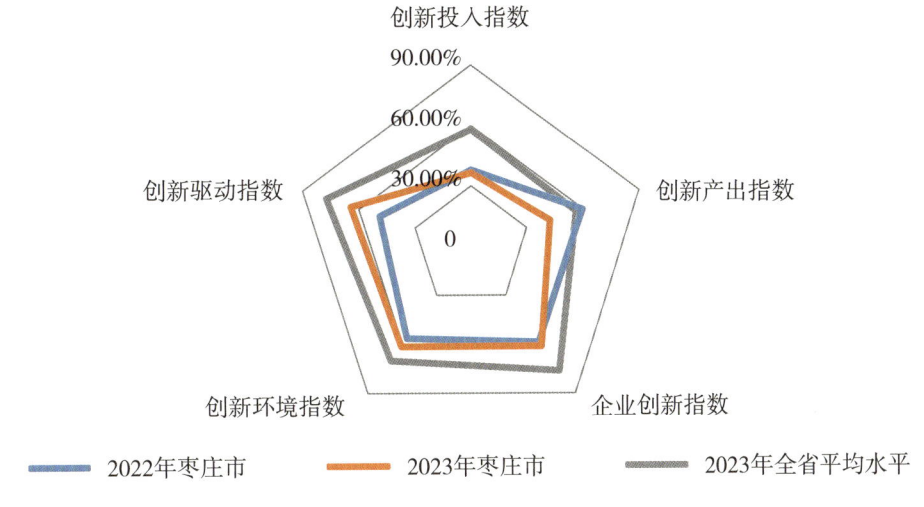

图3-4　2023年枣庄市一级评价指标指数与上年及全省平均水平比较情况

1.科技创新优势指标分析

创新环境持续优化。2023年，枣庄市创新环境指数为61.22%，较上年提高4.92个百分点，居全省第10位。税收优惠政策惠及面进一步加大，享受研发费用加计扣除减免税政策的规上工业企业占规上工业企业的比重较上年提高9.23个百分点，提高幅度居全省第2位。

创新驱动成效显现。2023 年，枣庄市创新驱动指数为 64.49%，较上年提高 15.38 个百分点，居全省第 13 位。经济发展方式不断转变，"四新"经济增加值占 GDP 比重较上年提高 2.0 个百分点，位次提升 1 位。工业产业结构优化，规上高新技术产业产值占规上工业产值比重较上年提高 1.04 个百分点。

企业创新基础夯实。2023 年，枣庄市企业创新指数为 60.99%，较上年提高 2.43 个百分点，居全省第 15 位。企业研发力度进一步加大，规上工业企业 R&D 经费支出占营业收入比重较上年提高 0.10 个百分点，居全省第 8 位。创新人才集聚能力增强，规上工业企业 R&D 人员占规上工业企业从业人员比重提升 6 个位次。

2. 科技创新劣势指标分析

创新产出效率有待提高。2023 年，枣庄市每亿元 GDP 技术合同成交额、每亿元 R&D 经费支出发明专利授权数均较上年下降 4 个位次。应加大高价值专利培育和技术合同转化平台建设力度，聚焦关键领域开展联合攻关，推动创新产出从规模扩张向质量效益型转变。

产学研合作机制仍需深化。2023 年，枣庄市高校和研究机构 R&D 经费内部支出中企业资金占比较上年下降 15.97 个百分点，降幅为全省最大。应聚焦企业技术需求清单与高校科研成果库精准对接，强化政策引导激励企业深度参与产学研协同，着力破解创新供给与产业需求"两张皮"问题，重塑校企研发投入的良性互动生态。

（二）创新发展主要指标及位次

2023 年，枣庄市地区生产总值（GDP）为 2156.74 亿元，居全省第 16 位。全员劳动生产率为 11.06 万元 / 人，居全省第 13 位。"四新"经济增加值占 GDP 比重为 32.3%，居全省第 11 位。万元 GDP 综合能耗较上年降低率为 3.22%，居全省第 14 位。

R&D 人员全时当量为 1.46 万人年，居全省第 15 位。每万名就业人员中研发人员数为 74.72 人年，居全省第 12 位。R&D 人员中研究人员占比为 26.15%，居全省第 10 位。规上工业企业 R&D 人员占规上工业企业从业人员比重为 10.15%，居全省第 8 位。

全社会 R&D 经费支出 39.77 亿元，较上年增长 14.29%，占 GDP 比重为 1.84%，较上年提高 0.14 个百分点，占 GDP 比重居全省第 15 位。基础研究经费支出 0.92

亿元，居全省第 13 位。地方财政科技支出为 3.35 亿元，较上年增长 0.02 亿元。规上工业企业 R&D 经费支出为 33.77 亿元，居全省第 16 位。高校和研究机构 R&D 经费内部支出中企业资金占比为 26.71%，居全省第 10 位。

每万家企业法人单位中高新技术企业数 68.99 家，居全省第 13 位。有研发活动的规上工业企业数为 418 家，居全省第 15 位。规上高新技术产业产值占规上工业产值比重为 48.08%，居全省第 11 位。

每万人高价值发明专利拥有量为 3.27 件，居全省第 11 位。每亿元 R&D 经费支出发明专利授权数为 17.67 件，居全省第 9 位。规上工业企业发明专利拥有量为 3034 件，居全省第 14 位。万名研究人员科技论文数为 2700.79 篇，居全省第 10 位。登记技术合同成交额 106.11 亿元，较上年减少 18.39%。

每名 R&D 人员仪器和设备支出为 1.95 万元，居全省第 10 位。科学研究和技术服务业平均工资比较系数为 72.74%，居全省第 13 位。实际使用外资金额 5.91 亿美元，占 GDP 比重为 1.93%，较上年下降 0.29 个百分点。

表 3-4 所示为 2023 年枣庄市科技创新各级指标值和排名与上年比较情况。

表 3-4　2023 年枣庄市科技创新各级指标值和排名与上年比较情况

指标名称	指标值		排名	
	2022 年	2023 年	2022 年	2023 年
综合科技创新水平指数（%）	52.12	53.11	14	14
创新投入指数（%）	38.03	36.66	15	15
全社会 R&D 经费支出（亿元）	34.80	39.77	16	16
全社会 R&D 经费支出占 GDP 比重（%）	1.71	1.84	15	15
地方财政科技支出占一般公共预算支出的比重（%）	1.02	0.95	14	13
基础研究经费支出占 R&D 经费支出的比重（%）	3.85	2.32	5	8
R&D 人员全时当量（万人年）	1.01	1.46	16	15
每万名就业人员中研发人员数（人年）	52.28	74.72	14	12
R&D 人员中研究人员占比（%）	25.08	26.15	14	10
创新产出指数（%）	59.49	42.40	9	10
每亿元 GDP 技术合同成交额（万元）	638.31	491.99	2	6
每万人高价值发明专利拥有量（件）	2.59	3.27	10	11
万名研究人员科技论文数（篇）	3148.40	2700.79	9	10
每亿元 R&D 经费支出发明专利授权数（件）	19.68	17.67	5	9
高新技术产品出口值占商品出口总值比重（%）	7.29	7.48	5	6
企业创新指数（%）	58.56	60.99	15	15
规上工业企业 R&D 经费支出占营业收入比重（%）	1.72	1.82	8	8
规上工业企业 R&D 人员占规上工业企业从业人员比重（%）	8.70	10.15	14	8
有研发活动的规上工业企业数（家）	419	418	16	15
有研发活动的规上工业企业占规上工业企业比重（%）	41.08	35.39	15	11
规上工业企业新产品销售收入（亿元）	453.07	597.75	16	16
规上工业企业新产品销售收入占营业收入比重（%）	26.87	32.30	14	15
每万名规上工业企业 R&D 人员发明专利拥有量（件）	3063.82	2456.20	5	10
高校和研究机构 R&D 经费内部支出中企业资金占比（%）	42.68	26.71	4	10
创新环境指数（%）	56.29	61.22	9	10
每名 R&D 人员仪器和设备支出（万元）	2.37	1.95	10	10
每万家企业法人单位中高新技术企业数（家）	51.58	68.99	13	13
科学研究和技术服务业平均工资比较系数（%）	79.04	72.74	11	13
实际使用外资金额占 GDP 比重（%）	2.22	1.93	2	1
享受研发费用加计扣除减免税政策的规上工业企业占规上工业企业的比重（%）	21.08	30.31	8	6
创新驱动指数（%）	49.11	64.49	13	13
全员劳动生产率（万元/人）	10.56	11.06	13	13
科学研究和技术服务业增加值占 GDP 比重（%）	1.21	1.24	13	13
"四新"经济增加值占 GDP 比重（%）	30.3	32.3	12	11
万元 GDP 综合能耗较上年降低率（%）	5.80	3.22	6	14
规上高新技术产业产值占规上工业产值比重（%）	47.04	48.08	10	11

五、东营市

（一）科技创新发展情况

2023年，东营市创新资源汇聚步伐加快，省级平台不断壮大，聚焦油气勘探、新能源、生物医药等产业领域，5家省重点实验室获批重组，新增省级技术创新中心1家、新型研发机构2家、院士工作站2家。新增国家专精特新"小巨人"企业28家、省"瞪羚"企业31家、省"专精特新"企业183家，高新技术产业产值比重提高幅度居全省首位。在全省率先启动人才引领"四链"融合发展示范区建设，"人才金政40条"政策效应持续释放，国家级重点人才项目入选12人、数量再次翻番，新引进高层次人才396人、大学生3.1万人，持续保持高位增长。经综合评价，东营市综合科技创新水平指数为65.98%，居全省第7位；与上年相比，提高3.06个百分点。

图3-5为2023年东营市一级评价指标指数与上年及全省平均水平比较情况。

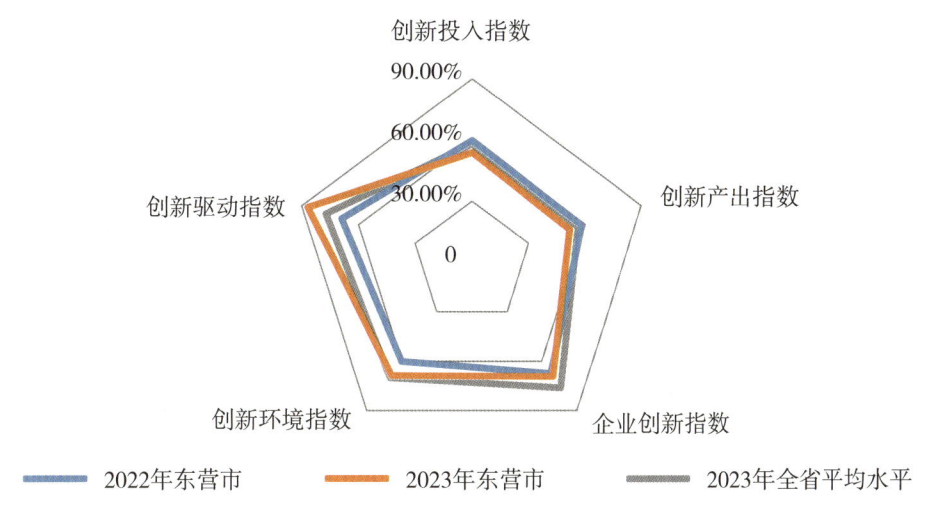

图3-5　2023年东营市一级评价指标指数与上年及全省平均水平比较情况

1. 科技创新优势指标分析

创新驱动大幅跃升。2023年，东营市创新驱动指数为86.87%，较上年提高17.82个百分点，居全省第5位。生产效率优势显著，全员劳动生产率达32.22万元/人，保持全省首位。能源利用效率提高，万元GDP综合能耗较上年降低率提升5个位次。

科技服务产业规模不断扩大，科学研究和技术服务业增加值占 GDP 比重较上年提高 0.22 个百分点，增幅居全省首位。

创新环境稳步改善。2023 年，东营市创新环境指数为 68.95%，较上年提高 8.71 个百分点，居全省第 7 位。高新技术企业加速壮大，每万家企业法人单位中高新技术企业数较上年提高 31.15 家，提高幅度居全省第 2 位。科研基础设施保障加大，每名 R&D 人员仪器和设备支出较上年增长 0.44 万元，提升 3 个位次。

企业创新质效双升。2023 年，东营市企业创新指数为 69.55%，较上年提高 1.84 个百分点，居全省第 12 位。企业创新主体意识增强，有研发活动的规上工业企业占规上工业企业比重跃居全省首位。每万名规上工业企业 R&D 人员发明专利拥有量较上年增长 268.43 件。企业产品结构持续优化，规上工业企业新产品销售收入达 3890.50 亿元，提升至全省第 5 位。

2. 科技创新劣势指标分析

创新产出增长乏力。2023 年，东营市每亿元 R&D 经费支出发明专利授权数较上年下降 2.36 件，降幅为全省最大。高新技术产品出口值占商品出口总值比重较上年下降 1.92 个百分点。应推动产学研深度融合，支持企业牵头组建创新联合体，加强关键核心技术攻关与成果转化应用，同时优化创新资源配置，完善知识产权转化激励机制，促进高新技术产品出口竞争力回升。

创新投入支撑减弱。2023 年，东营市地方财政科技支出占一般公共预算支出的比重下降 5 个位次。基础研究经费支出占 R&D 经费支出的比重较上年下降 2.02 个百分点，降幅全省最大。应强化财政资金对科技创新的引导作用，聚焦基础研究薄弱环节，加大对基础研究的倾斜力度，落实企业研发费用加计扣除、科技贷等政策，引导企业扩大研发投入，推动财政资金与社会资本协同发力。

（二）创新发展主要指标及位次

2023 年，东营市地区生产总值（GDP）为 3899.06 亿元，居全省第 9 位。全员劳动生产率为 32.22 万元/人，居全省第 1 位。"四新"经济增加值占 GDP 比重为 21.4%，居全省第 16 位。万元 GDP 综合能耗较上年降低率为 8.04%，居全省第 5 位。

R&D 人员全时当量为 2.13 万人年，居全省第 13 位。每万名就业人员中研发人员数为 176.36 人年，居全省第 3 位。R&D 人员中研究人员占比为 25.64%，居全省第 11 位。规上工业企业 R&D 人员占规上工业企业从业人员比重为 8.92%，居全省第 14 位。

全社会 R&D 经费支出 101.87 亿元，较上年增长 11.00%，占 GDP 比重为 2.61%，较上年提高 0.12 个百分点，占 GDP 比重居全省第 9 位。基础研究经费支出 2.00 亿元，居全省第 10 位。地方财政科技支出为 3.17 亿元，较上年下降 2.64 亿元。规上工业企业 R&D 经费支出为 98.37 亿元，居全省第 9 位。高校和研究机构 R&D 经费内部支出中企业资金占比为 6.78%，居全省第 16 位。

每万家企业法人单位中高新技术企业数 119.92 家，居全省第 4 位。有研发活动的规上工业企业数为 486 家，居全省第 14 位。规上高新技术产业产值占规上工业产值比重为 47.62%，居全省第 12 位。

每万人高价值发明专利拥有量为 9.76 件，居全省第 4 位。每亿元 R&D 经费支出发明专利授权数为 17.76 件，居全省第 8 位。规上工业企业发明专利拥有量为 6500 件，居全省第 7 位。万名研究人员科技论文数为 2281.12 篇，居全省第 11 位。登记技术合同成交额 186.65 亿元，较上年增长 48.81%。

每名 R&D 人员仪器和设备支出为 2.82 万元，居全省第 6 位。科学研究和技术服务业平均工资比较系数为 81.19%，居全省第 9 位。实际使用外资金额 8.03 亿美元，占 GDP 比重为 1.45%，较上年下降 0.01 个百分点。

表 3-5 所示为 2023 年东营市科技创新各级指标值和排名与上年比较情况。

表 3-5　2023 年东营市科技创新各级指标值和排名与上年比较情况

指标名称	指标值 2022 年	指标值 2023 年	排名 2022 年	排名 2023 年
综合科技创新水平指数（%）	62.92	65.98	7	7
创新投入指数（%）	59.62	53.67	4	7
全社会 R&D 经费支出（亿元）	91.77	101.87	10	10
全社会 R&D 经费支出占 GDP 比重（%）	2.49	2.61	10	9
地方财政科技支出占一般公共预算支出的比重（%）	1.57	0.83	9	14
基础研究经费支出占 R&D 经费支出的比重（%）	3.98	1.96	4	10
R&D 人员全时当量（万人年）	1.84	2.13	12	13
每万名就业人员中研发人员数（人年）	152.19	176.36	3	3
R&D 人员中研究人员占比（%）	30.89	25.64	5	11
创新产出指数（%）	58.17	51.69	11	7
每亿元 GDP 技术合同成交额（万元）	340.66	478.71	9	7
每万人高价值发明专利拥有量（件）	7.51	9.76	5	4
万名研究人员科技论文数（篇）	2647.74	2281.12	10	11
每亿元 R&D 经费支出发明专利授权数（件）	20.12	17.76	4	8
高新技术产品出口值占商品出口总值比重（%）	6.82	4.90	8	9
企业创新指数（%）	67.71	69.55	13	12
规上工业企业 R&D 经费支出占营业收入比重（%）	0.90	0.96	15	15
规上工业企业 R&D 人员占规上工业企业从业人员比重（%）	9.01	8.92	13	14
有研发活动的规上工业企业数（家）	536	486	15	14
有研发活动的规上工业企业占规上工业企业比重（%）	56.60	46.37	5	1
规上工业企业新产品销售收入（亿元）	2889.68	3890.50	6	5
规上工业企业新产品销售收入占营业收入比重（%）	29.88	38.02	13	12
每万名规上工业企业 R&D 人员发明专利拥有量（件）	3057.62	3326.05	6	5
高校和研究机构 R&D 经费内部支出中企业资金占比（%）	5.29	6.78	16	16
创新环境指数（%）	60.24	68.95	7	7
每名 R&D 人员仪器和设备支出（万元）	2.38	2.82	9	6
每万家企业法人单位中高新技术企业数（家）	88.76	119.92	5	4
科学研究和技术服务业平均工资比较系数（%）	85.55	81.19	9	9
实际使用外资金额占 GDP 比重（%）	1.46	1.45	11	6
享受研发费用加计扣除减免税政策的规上工业企业占规上工业企业的比重（%）	20.80	22.52	9	9
创新驱动指数（%）	69.06	86.87	5	5
全员劳动生产率（万元/人）	30.45	32.22	1	1
科学研究和技术服务业增加值占 GDP 比重（%）	2.35	2.56	3	3
"四新"经济增加值占 GDP 比重（%）	20.5	21.4	16	16
万元 GDP 综合能耗较上年降低率（%）	4.56	8.04	10	5
规上高新技术产业产值占规上工业产值比重（%）	38.07	47.62	14	12

六、烟台市

（一）科技创新发展情况

2023年，烟台市聚焦建设高水平国家创新型城市，在科创平台策源、技术攻关突破、科技主体培育、创新要素集聚和创新生态优化等方面持续发力，科技创新实现新的突破。先进药物递释系统全国重点实验室揭牌，烟台先进材料与绿色制造山东省实验室累计解决企业"卡脖子"技术30多项，烟台新药创制山东省实验室完成3个一类新药成果转化。关键核心技术攻关成果丰硕，航空发动机、燃气轮机、第四代核电机组等高端装备研制取得长足进展，人工智能、量子技术等前沿领域创新成果不断涌现，创新驱动发展能力持续提升。经综合评价，烟台市综合科技创新水平指数为80.92%，居全省第3位；与上年相比，提高3.47个百分点。

图3-6为2023年烟台市一级评价指标指数与上年及全省平均水平比较情况。

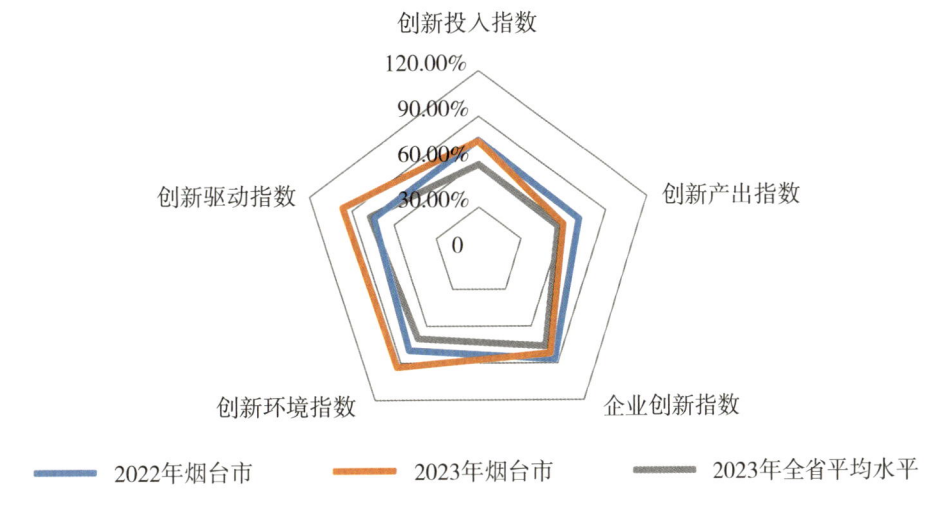

图3-6　2023年烟台市一级评价指标指数与上年及全省平均水平比较情况

1. 科技创新优势指标分析

创新生态优化升级。2023年，烟台市创新环境指数为93.63%，较上年提高13.83个百分点，居全省第3位。每名R&D人员仪器和设备支出较上年增长1.62万元，研发硬件投入持续加大。税收优惠政策精准发力，享受研发费用加计扣除减免税政策的规上工业企业占规上工业企业的比重为33.38%，较上年提高6.87个百分点。

创新驱动效能进阶。2023年，烟台市创新驱动指数为96.11%，较上年提高21.82个百分点，居全省第4位。绿色低碳发展成效显现，万元GDP综合能耗较上年降低率提升8个位次。劳动力生产效能稳步提高，全员劳动生产率较上年增长1.56万元/人，居全省第4位。

企业创新能力持续跃升。2023年，烟台市企业创新指数为82.24%，位次提升1位至全省第5位。规上工业企业R&D经费支出占营业收入比重较上年提高0.19个百分点，提高幅度居全省第3位，企业研发投入强度稳步增强。每万名规上工业企业R&D人员发明专利拥有量较上年增长125.80件，研发人才创新效能不断提升。创新成果市场转化成效突出，规上工业企业新产品销售收入4672.18亿元，保持全省第3位。

创新投入稳居第一梯队。2023年，烟台市创新投入指数为73.48%，较上年下降0.68个百分点，居全省第3位。创新驱动发展后劲十足，全社会R&D经费支出占GDP比重较上年提高0.16个百分点，提高幅度居全省第2位。每万名就业人员中研发人员数较上年增长16.06人年，研发人才储备持续夯实。

2. 科技创新劣势指标分析

基础研究投入力度减弱。2023年，烟台市基础研究经费9.25亿元，较上年下降0.69亿元，基础研究经费支出占R&D经费支出的比重较上年下降0.97个百分点。应优化研发经费配置结构，重点支持前沿领域和关键共性技术基础研究，鼓励高校、科研院所、企业开展基础研究，提高基础研究的比例。

地方科技经费需加强支持。2023年，烟台市地方财政科技支出占一般公共预算支出的比重较上年下降0.92个百分点，降幅全省最大。应优化财政支出结构，建立科技投入稳定增长机制，强化科技资金绩效管理，通过税收优惠、专项补贴等方式撬动社会资本投入，提升科技创新整体效能。

（二）创新发展主要指标及位次

2023年，烟台市地区生产总值（GDP）为10 162.46亿元，居全省第3位。全员劳动生产率为24.55万元/人，居全省第4位。"四新"经济增加值占GDP比重为34.4%，居全省第6位。万元GDP综合能耗较上年降低率为10.09%，居全省第3位。

R&D 人员全时当量为 5.34 万人年，居全省第 4 位。每万名就业人员中研发人员数为 128.89 人年，居全省第 6 位。R&D 人员中研究人员占比为 35.06%，居全省第 3 位。规上工业企业 R&D 人员占规上工业企业从业人员比重为 9.58%，居全省第 10 位。

全社会 R&D 经费支出 227.64 亿元，较上年增长 15.26%，占 GDP 比重为 2.24%，较上年提高 0.16 个百分点，占 GDP 比重居全省第 13 位。基础研究经费支出 9.25 亿元，居全省第 3 位。地方财政科技支出为 24.27 亿元，较上年下降 7.77 亿元。规上工业企业 R&D 经费支出为 184.92 亿元，居全省第 3 位。高校和研究机构 R&D 经费内部支出中企业资金占比为 20.01%，居全省第 14 位。

每万家企业法人单位中高新技术企业数 96.03 家，居全省第 7 位。有研发活动的规上工业企业数为 1063 家，居全省第 5 位。规上高新技术产业产值占规上工业产值比重为 64.13%，居全省第 4 位。

每万人高价值发明专利拥有量为 9.65 件，居全省第 5 位。每亿元 R&D 经费支出发明专利授权数为 19.84 件，居全省第 4 位。规上工业企业发明专利拥有量为 11 337 件，居全省第 4 位。万名研究人员科技论文数为 4012.72 篇，居全省第 7 位。登记技术合同成交额 449.29 亿元，较上年增长 51.87%。

每名 R&D 人员仪器和设备支出为 4.87 万元，居全省第 1 位。科学研究和技术服务业平均工资比较系数为 120.48%，居全省第 3 位。实际使用外资金额 23.19 亿美元，占 GDP 比重为 1.61%，较上年下降 0.50 个百分点。

表 3-6 所示为 2023 年烟台市科技创新各级指标值和排名与上年比较情况。

表 3-6 2023 年烟台市科技创新各级指标值和排名与上年比较情况

指标名称	指标值 2022 年	指标值 2023 年	排名 2022 年	排名 2023 年
综合科技创新水平指数（％）	77.45	80.92	3	3
创新投入指数（％）	74.16	73.48	3	3
全社会 R&D 经费支出（亿元）	197.51	227.64	3	3
全社会 R&D 经费支出占 GDP 比重（％）	2.08	2.24	13	13
地方财政科技支出占一般公共预算支出的比重（％）	3.47	2.55	1	3
基础研究经费支出占 R&D 经费支出的比重（％）	5.03	4.06	3	4
R&D 人员全时当量（万人年）	4.67	5.34	4	4
每万名就业人员中研发人员数（人年）	112.82	128.89	6	6
R&D 人员中研究人员占比（％）	35.10	35.06	3	3
创新产出指数（％）	71.33	60.41	3	5
每亿元 GDP 技术合同成交额（万元）	311.11	442.11	10	11
每万人高价值发明专利拥有量（件）	7.60	9.65	4	5
万名研究人员科技论文数（篇）	4055.28	4012.72	7	7
每亿元 R&D 经费支出发明专利授权数（件）	19.59	19.84	6	4
高新技术产品出口值占商品出口总值比重（％）	5.21	4.62	10	11
企业创新指数（％）	86.97	82.24	6	5
规上工业企业 R&D 经费支出占营业收入比重（％）	1.68	1.87	10	6
规上工业企业 R&D 人员占规上工业企业从业人员比重（％）	10.74	9.58	8	10
有研发活动的规上工业企业数（家）	1450	1063	3	5
有研发活动的规上工业企业占规上工业企业比重（％）	56.11	35.84	6	9
规上工业企业新产品销售收入（亿元）	3760.66	4672.18	3	3
规上工业企业新产品销售收入占营业收入比重（％）	39.48	47.14	4	6
每万名规上工业企业 R&D 人员发明专利拥有量（件）	2380.92	2506.73	10	9
高校和研究机构 R&D 经费内部支出中企业资金占比（％）	21.87	20.01	10	14
创新环境指数（％）	79.79	93.63	4	3
每名 R&D 人员仪器和设备支出（万元）	3.25	4.87	3	1
每万家企业法人单位中高新技术企业数（家）	76.61	96.03	6	7
科学研究和技术服务业平均工资比较系数（％）	132.73	120.48	2	3
实际使用外资金额占 GDP 比重（％）	2.11	1.61	4	4
享受研发费用加计扣除减免税政策的规上工业企业占规上工业企业的比重（％）	26.51	33.38	5	3
创新驱动指数（％）	74.29	96.11	3	4
全员劳动生产率（万元/人）	22.99	24.55	4	4
科学研究和技术服务业增加值占 GDP 比重（％）	2.16	2.28	4	4
"四新"经济增加值占 GDP 比重（％）	33.4	34.4	6	6
万元 GDP 综合能耗较上年降低率（％）	4.09	10.09	11	3
规上高新技术产业产值占规上工业产值比重（％）	62.89	64.13	2	4

七、潍坊市

（一）科技创新发展情况

2023年，潍坊市深入实施创新驱动发展战略，强化创新引领。新增省级以上创新平台65家，7项技术成果入围山东省科学技术进步奖一等奖。关键核心技术实现重大突破，潍柴首款大功率金属支撑商业化固体氧化物燃料电池热电联产效率达92.55%，刷新世界纪录；华特磁电自主研制的大型6米智能立环高梯度磁选机成功下线，再次问鼎全球。新入选国家级重点人才计划50人、泰山系列人才工程49人，数量均居全省首位，科技创新支撑引领发展的质效全面提升。经综合评价，潍坊市综合科技创新水平指数为68.91%，居全省第6位；与上年相比，提高5.35个百分点。

图3-7为2023年潍坊市一级评价指标指数与上年及全省平均水平比较情况。

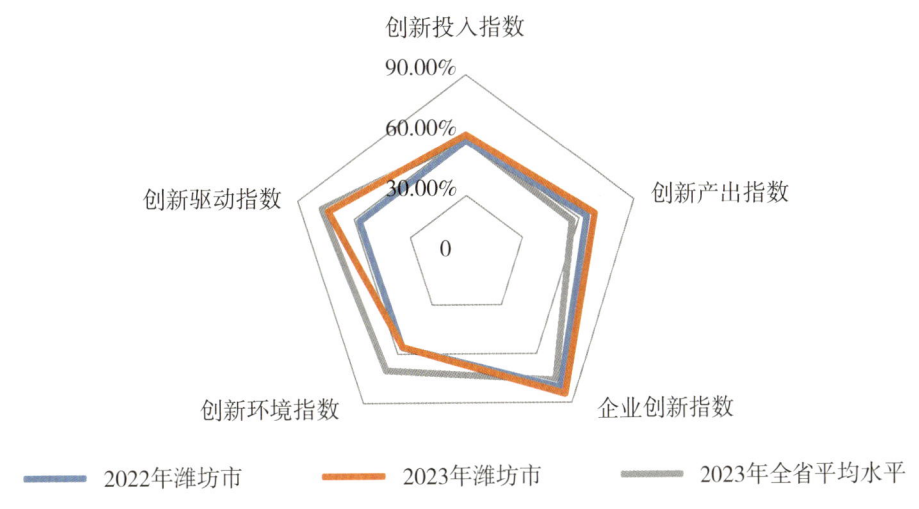

图3-7　2023年潍坊市一级评价指标指数与上年及全省平均水平比较情况

1. 科技创新优势指标分析

创新产出能级跃升。2023年，潍坊市创新产出指数为68.50%，较上年提高4.34个百分点，居全省第3位。创新市场活力加速释放，每亿元GDP技术合同成交额较上年增长138.52件。专利质量稳步提升，每万人高价值发明专利拥有量较上年增长1.72件，居全省第7位。科技外贸结构持续升级，高新技术产品出口值占商品出口总值比重位次提高至全省第 2 位。

创新投入稳步提升。2023 年，潍坊市创新投入指数为 60.35%，较上年提高 2.79 个百分点，居全省第 5 位。全社会 R&D 经费支出占 GDP 比重较上年提高 0.13 个百分点，科技创新基础不断巩固。R&D 人员全时当量较上年增长 16.08%，每万名就业人员中研发人员数较上年增长 15.02 人年，科技创新基础不断巩固。

企业创新活力持续增强。2023 年，潍坊市企业创新指数为 84.37%，较上年提高 3.71 个百分点，居全省第 4 位。规上工业企业 R&D 人员占规上工业企业从业人员比重较上年提升 4 个位次，人才结构持续优化。规上工业企业新产品销售收入达 5506.54 亿元，居全省第 2 位，产业竞争力不断跃升。高校和研究机构 R&D 经费内部支出中企业资金占比为 38.81%，较上年提升 2 个位次，产学研合作进一步增强。

创新驱动能力大幅跃升。2023 年，潍坊市创新驱动指数为 73.75%，较上年提高 16.64 个百分点，居全省第 9 位。高质量发展成效显著，全员劳动生产率较上年增长 0.59 万元 / 人，规上高新技术产业产值占规上工业产值比重较上年提升 1.54 个百分点。

2. 科技创新劣势指标分析

基础研究支撑仍需强化。2023 年，潍坊市基础研究经费支出较上年下降 0.23 亿元，占 R&D 经费支出的比重较上年下降 0.33 个百分点。应持续加大财政对基础研究的稳定投入，积极引导企业和社会资本通过设立联合基金、共建实验室等方式参与基础研究，为科研人员营造宽松的创新环境，助力基础研究能力稳步提升。

研发基础设施投入力度弱化。2023 年，潍坊市仪器和设备支出较上年下降 1.34 亿元，每名 R&D 人员仪器和设备支出较上年减少 0.58 万元。需加大研发基础设施专项扶持力度，通过设立仪器设备更新基金、优化科研设备共享平台等方式，保障关键领域设备投入。

能源效率亟须提升。2023 年，潍坊市万元 GDP 综合能耗较上年降低率下降 11 个位次，降至全省第 15 位。应实施重点行业能效对标攻坚行动，聚焦化工、机械等高耗能领域开展工艺节能改造，淘汰落后产能设备，推广节能技术应用。

（二）创新发展主要指标及位次

2023 年，潍坊市地区生产总值（GDP）为 7606.01 亿元，居全省第 4 位。全员劳动生产率为 14.75 万元 / 人，居全省第 9 位。"四新"经济增加值占 GDP 比重为 30.3%，居全省第 14 位。万元 GDP 综合能耗较上年降低率为 2.97%，居全省第 15 位。

R&D 人员全时当量为 5.61 万人年，居全省第 3 位。每万名就业人员中研发人员数为 108.83 人年，居全省第 8 位。R&D 人员中研究人员占比为 29.96%，居全省第 6 位。规上工业企业 R&D 人员占规上工业企业从业人员比重为 9.34%，居全省第 11 位。

全社会 R&D 经费支出 185.83 亿元，较上年增长 9.87%，占 GDP 比重为 2.44%，较上年提高 0.13 个百分点，占比居全省第 11 位。基础研究经费支出 3.69 亿元，居全省第 5 位。地方财政科技支出为 15.93 亿元，较上年下降 0.56 亿元。规上工业企业 R&D 经费支出为 171.81 亿元，居全省第 4 位。高校和研究机构 R&D 经费内部支出中企业资金占比为 38.81%，居全省第 5 位。

每万家企业法人单位中高新技术企业数 75.46 家，居全省第 11 位。有研发活动的规上工业企业数为 1136 家，居全省第 3 位。规上高新技术产业产值占规上工业产值比重为 58.85%，居全省第 7 位。

每万人高价值发明专利拥有量为 7.08 件，居全省第 7 位。每亿元 R&D 经费支出发明专利授权数为 26.86 件，居全省第 3 位。规上工业企业发明专利拥有量为 17 581 件，居全省第 3 位。万名研究人员科技论文数为 2922.67 篇，居全省第 9 位。登记技术合同成交额 315.66 亿元，较上年增长 56.39%。

每名 R&D 人员仪器和设备支出为 1.89 万元，居全省第 11 位。科学研究和技术服务业平均工资比较系数为 64.65%，居全省第 15 位。实际使用外资金额 8.88 亿美元，占 GDP 比重为 0.82%，较上年下降 0.37 个百分点。

表 3-7 所示为 2023 年潍坊市科技创新各级指标值和排名与上年比较情况。

表 3-7 2023 年潍坊市科技创新各级指标值和排名与上年比较情况

指标名称	指标值 2022年	指标值 2023年	排名 2022年	排名 2023年
综合科技创新水平指数（%）	63.56	68.91	6	6
创新投入指数（%）	57.56	60.35	6	5
全社会 R&D 经费支出（亿元）	169.13	185.83	4	4
全社会 R&D 经费支出占 GDP 比重（%）	2.32	2.44	11	11
地方财政科技支出占一般公共预算支出的比重（%）	1.96	1.79	7	7
基础研究经费支出占 R&D 经费支出的比重（%）	2.32	1.99	7	9
R&D 人员全时当量（万人年）	4.83	5.61	3	3
每万名就业人员中研发人员数（人年）	93.81	108.83	8	8
R&D 人员中研究人员占比（%）	30.66	29.96	6	6
创新产出指数（%）	64.16	68.50	6	3
每亿元 GDP 技术合同成交额（万元）	276.49	415.01	12	15
每万人高价值发明专利拥有量（件）	5.36	7.08	7	7
万名研究人员科技论文数（篇）	3193.94	2922.67	8	9
每亿元 R&D 经费支出发明专利授权数（件）	23.18	26.86	3	3
高新技术产品出口值占商品出口总值比重（%）	9.31	12.54	3	2
企业创新指数（%）	80.67	84.37	7	4
规上工业企业 R&D 经费支出占营业收入比重（%）	1.35	1.43	13	13
规上工业企业 R&D 人员占规上工业企业从业人员比重（%）	8.61	9.34	15	11
有研发活动的规上工业企业数（家）	1393	1136	4	3
有研发活动的规上工业企业占规上工业企业比重（%）	34.09	25.73	16	16
规上工业企业新产品销售收入（亿元）	4415.94	5506.54	2	2
规上工业企业新产品销售收入占营业收入比重（%）	38.78	45.77	6	7
每万名规上工业企业 R&D 人员发明专利拥有量（件）	3487.08	3450.66	3	4
高校和研究机构 R&D 经费内部支出中企业资金占比（%）	37.06	38.81	7	5
创新环境指数（%）	55.78	55.59	10	12
每名 R&D 人员仪器和设备支出（万元）	2.47	1.89	7	11
每万家企业法人单位中高新技术企业数（家）	62.28	75.46	9	11
科学研究和技术服务业平均工资比较系数（%）	67.85	64.65	15	15
实际使用外资金额占 GDP 比重（%）	1.20	0.82	12	16
享受研发费用加计扣除减免税政策的规上工业企业占规上工业企业的比重（%）	19.14	21.59	11	10
创新驱动指数（%）	57.11	73.75	7	9
全员劳动生产率（万元/人）	14.17	14.75	9	9
科学研究和技术服务业增加值占 GDP 比重（%）	1.29	1.31	12	12
"四新"经济增加值占 GDP 比重（%）	30.1	30.3	13	14
万元 GDP 综合能耗较上年降低率（%）	6.63	2.97	4	15
规上高新技术产业产值占规上工业产值比重（%）	57.31	58.85	5	7

第三部分 区域综合科技创新水平分析

八、济宁市

（一）科技创新发展情况

2023年，济宁市创新平台提质升级，6个项目入选山东省重大科技创新工程，兖矿能源获批全国重点实验室，天意机械被认定为国家级工业设计中心、荣获第九届山东省省长质量奖，山推股份、经典重工入选2023年度智能制造示范工厂，益大新材料获批省技术创新中心，辰欣药业、艾美科健等5家企业获批山东省工程研究中心。区域创新示范作用更加有力，成功创建1家省级高新技术产业开发区，兖州区入选2023年山东省科技创新强县。经综合评价，济宁市综合科技创新水平指数为63.72%，居全省第8位；与上年相比，提高6.06个百分点。

图3-8为2023年济宁市一级评价指标指数与上年及全省平均水平比较情况。

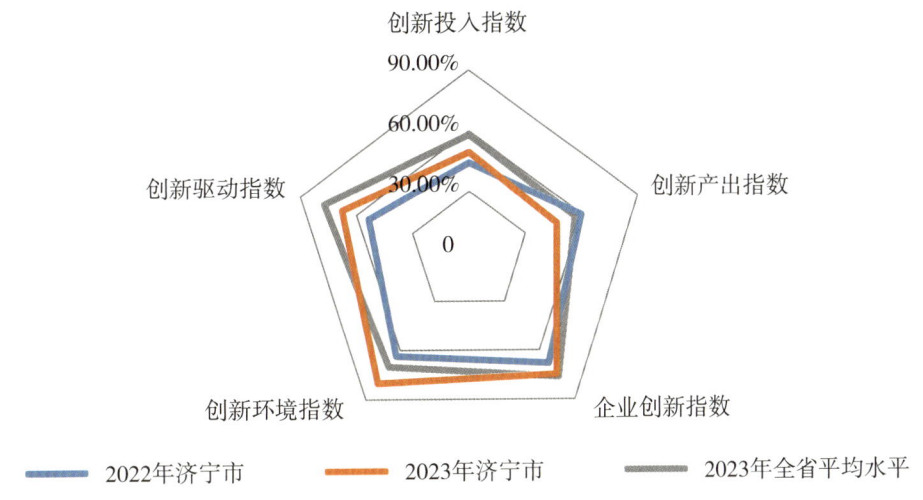

图3-8　2023年济宁市一级评价指标指数与上年及全省平均水平比较情况

1. 科技创新优势指标分析

创新环境持续优化。2023年，济宁市创新环境指数为79.84%，较上年提高16.36个百分点，居全省第5位。政策覆盖范围大幅拓展，享受研发费用加计扣除减免税政策的规上工业企业占规上工业企业的比重达57.18%，较上年提高31.68个百分点，居全省第1位。

创新投入较快增长。2023年，济宁市创新投入指数为49.64%，较上年提高5.34

个百分点，居全省第 8 位。研发投入强度稳步提升，全社会 R&D 经费支出占 GDP 比重较上年提高 0.15 个百分点，基础研究经费支出占 R&D 经费支出的比重居全省第 5 位。研发人力规模扩大，R&D 人员全时当量提升 1 个位次，每万名就业人员中研发人员数较上年增长 27.27 人年。

企业创新提速进位。2023 年，济宁市企业创新指数为 74.65%，较上年提高 6.82 个百分点，居全省第 9 位。有研发活动的规上工业企业占规上工业企业比重居全省第 2 位。新产品市场竞争力增强，规上工业企业新产品销售收入占营业收入比重较上年提高 14.05 个百分点，排名跃居全省首位。产学研协同创新持续深化，高校和研究机构 R&D 经费内部支出中企业资金占比为 33.80%，位次提升至全省第 6 位。

2. 科技创新劣势指标分析

创新要素支撑力有待强化。2023 年，济宁市每名 R&D 人员仪器和设备支出较上年减少 1.30 万元。科学研究和技术服务业平均工资比较系数居全省第 14 位，较上年下降 2.04 个百分点。应加大对科研仪器设备的财政投入和企业配套支持，同时通过优化薪酬激励政策、提升行业发展预期等方式，增强科学研究和技术服务业对人才的吸引力。

"四新"经济增速较慢。2023 年，济宁市"四新"经济增加值占 GDP 比重较上年提高 1.4 个百分点，排名全省第 15 位。应强化政策引导与资源整合，聚焦新技术、新产业、新业态、新模式加大精准扶持力度，加快培育专精特新、瞪羚等创新主体，激活增长新动能。

（二）创新发展主要指标及位次

2023 年，济宁市地区生产总值（GDP）为 5516.47 亿元，居全省第 6 位。全员劳动生产率为 13.46 万元/人，居全省第 10 位。"四新"经济增加值占 GDP 比重为 27.2%，居全省第 15 位。万元 GDP 综合能耗较上年降低率为 5.99%，居全省第 8 位。

R&D 人员全时当量为 3.52 万人年，居全省第 6 位。每万名就业人员中研发人员数为 85.99 人年，居全省第 10 位。R&D 人员中研究人员占比为 26.23%，居全省第 9 位。规上工业企业 R&D 人员占规上工业企业从业人员比重为 9.26%，居全省第 12 位。

全社会R&D经费支出104.34亿元，较上年增长12.96%，占GDP比重为1.89%，较上年提高0.15个百分点，占GDP比重居全省第14位。基础研究经费支出3.51亿元，居全省第6位。地方财政科技支出为8.70亿元，较上年增长0.90亿元。规上工业企业R&D经费支出为89.33亿元，居全省第10位。高校和研究机构R&D经费内部支出中企业资金占比为33.80%，居全省第6位。

每万家企业法人单位中高新技术企业数77.06家，居全省第10位。有研发活动的规上工业企业数为986家，居全省第6位。规上高新技术产业产值占规上工业产值比重为49.40%，居全省第10位。

每万人高价值发明专利拥有量为3.37件，居全省第10位。每亿元R&D经费支出发明专利授权数为19.08件，居全省第5位。规上工业企业发明专利拥有量为5268件，居全省第9位。万名研究人员科技论文数为4974.59篇，居全省第5位。登记技术合同成交额262.31亿元，较上年增长43.79%。

每名R&D人员仪器和设备支出为1.75万元，居全省第12位。科学研究和技术服务业平均工资比较系数为69.86%，居全省第14位。实际使用外资金额10.67亿美元，占GDP的比重为1.36%，较上年下降0.27个百分点。

表3-8所示为2023年济宁市科技创新各级指标与上年比较情况。

表 3-8 2023 年济宁市科技创新各级指标值和排名与上年比较情况

指标名称	指标值 2022 年	指标值 2023 年	排名 2022 年	排名 2023 年
综合科技创新水平指数（%）	57.66	63.72	9	8
创新投入指数（%）	44.30	49.64	10	8
全社会 R&D 经费支出（亿元）	92.36	104.34	9	9
全社会 R&D 经费支出占 GDP 比重（%）	1.74	1.89	14	14
地方财政科技支出占一般公共预算支出的比重（%）	1.04	1.11	12	11
基础研究经费支出占 R&D 经费支出的比重（%）	3.56	3.36	6	5
R&D 人员全时当量（万人年）	2.41	3.52	7	6
每万名就业人员中研发人员数（人年）	58.73	85.99	12	10
R&D 人员中研究人员占比（%）	29.35	26.23	8	9
创新产出指数（%）	59.56	46.61	8	9
每亿元 GDP 技术合同成交额（万元）	343.80	475.50	8	8
每万人高价值发明专利拥有量（件）	2.43	3.37	11	10
万名研究人员科技论文数（篇）	6532.96	4974.59	3	5
每亿元 R&D 经费支出发明专利授权数（件）	18.77	19.08	7	5
高新技术产品出口值占商品出口总值比重（%）	2.43	3.48	14	13
企业创新指数（%）	67.83	74.65	12	9
规上工业企业 R&D 经费支出占营业收入比重（%）	1.55	1.80	11	9
规上工业企业 R&D 人员占规上工业企业从业人员比重（%）	7.86	9.26	16	12
有研发活动的规上工业企业数（家）	1019	986	10	6
有研发活动的规上工业企业占规上工业企业比重（%）	46.15	40.21	11	2
规上工业企业新产品销售收入（亿元）	1956.25	2635.60	9	8
规上工业企业新产品销售收入占营业收入比重（%）	39.05	53.11	5	1
每万名规上工业企业 R&D 人员发明专利拥有量（件）	2268.75	1764.44	11	14
高校和研究机构 R&D 经费内部支出中企业资金占比（%）	24.53	33.80	9	6
创新环境指数（%）	63.48	79.84	6	5
每名 R&D 人员仪器和设备支出（万元）	3.05	1.75	4	12
每万家企业法人单位中高新技术企业数（家）	58.87	77.06	11	10
科学研究和技术服务业平均工资比较系数（%）	71.91	69.86	14	14
实际使用外资金额占 GDP 比重（%）	1.64	1.36	7	8
享受研发费用加计扣除减免税政策的规上工业企业占规上工业企业的比重（%）	25.50	57.18	7	1
创新驱动指数（%）	53.63	67.79	11	11
全员劳动生产率（万元/人）	12.95	13.46	10	10
科学研究和技术服务业增加值占 GDP 比重（%）	1.35	1.36	10	11
"四新"经济增加值占 GDP 比重（%）	25.8	27.2	15	15
万元 GDP 综合能耗较上年降低率（%）	3.86	5.99	12	8
规上高新技术产业产值占规上工业产值比重（%）	41.20	49.40	12	10

九、泰安市

（一）科技创新发展情况

2023 年，泰安市实施科技体制改革攻坚、双十双百启动推进、创新平台能级提升、科技企业梯次培育、科技服务优化提升、党建作风深化建设"六大行动"。新培育专精特新"小巨人"企业 15 家、专精特新中小企业 178 家、瞪羚企业 18 家，国家级制造业单项冠军企业达到 17 家。泰开高压、联合化工等 6 家企业入选国家级"绿色工厂"，鲁普耐特被认定为 2023 年度国家级工业设计中心。经综合评价，泰安市综合科技创新水平指数为 61.76%，居全省第 9 位；与上年相比，提高 3.14 个百分点。

图 3-9 为 2023 年泰安市一级评价指标指数与上年及全省平均水平比较情况。

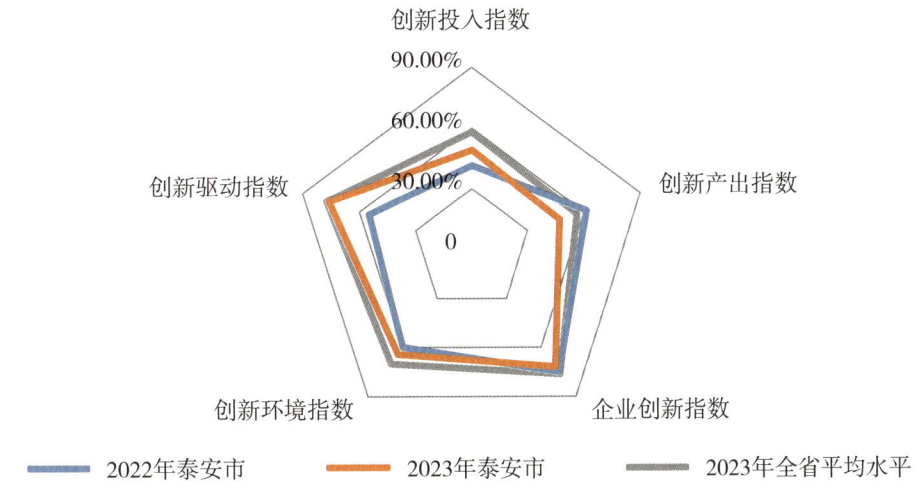

图 3-9　2023 年泰安市一级评价指标指数与上年及全省平均水平比较情况

1. 科技创新优势指标分析

创新驱动大幅跃升。2023 年，泰安市创新驱动指数为 76.23%，较上年提高 21.17 个百分点，居全省第 7 位。规上高新技术产业产值占规上工业产值比重较上年提升 4.10 个百分点，"四新"经济增加值占 GDP 比重较上年提升 2 个位次，经济结构优化升级。

创新环境持续优化。2023 年，泰安市创新环境指数为 64.45%，较上年提高 4.39

个百分点，居全省第 8 位。研发硬件条件持续改善，每名 R&D 人员仪器和设备支出较上年增长 0.13 万元，跃升 3 个位次。市场主体创新活力不断激发，每万家企业法人单位中高新技术企业数较上年增长 20.20 家。

创新投入稳步增长。2023 年，泰安市创新投入指数为 48.97%，较上年提高 7.63 个百分点，居全省第 10 位。研发投入量质齐升，全社会 R&D 经费支出提升 2 个位次，基础研究经费支出占 R&D 经费支出的比重较上年提高 1.03 个百分点，提高幅度居全省第 3 位。财政科技投入力度持续加大，地方财政科技支出占一般公共预算支出的比重较上年提高 0.13 个百分点，提高幅度居全省第 4 位。

2. 科技创新劣势指标分析

企业创新仍需发力。2023 年，泰安市规上工业企业 R&D 人员占规上工业企业从业人员比重较上年下降 0.47 个百分点。规上工业企业新产品销售收入排名全省第 14 位，高校和研究机构 R&D 经费内部支出中企业资金占比为 23.58%，下降 5 个位次。

创新人才待遇水平仍需提高。2023 年，泰安市科学研究和技术服务业平均工资比较系数较上年下降 17.70 个百分点，降幅全省最大。

（二）创新发展主要指标及位次

2023 年，泰安市地区生产总值（GDP）为 3323.86 亿元，居全省第 12 位。全员劳动生产率为 11.31 万元 / 人，居全省第 12 位。"四新"经济增加值占 GDP 比重为 33.1%，居全省第 8 位。万元 GDP 综合能耗较上年降低率为 4.62%，居全省第 11 位。

R&D 人员全时当量为 2.53 万人年，居全省第 10 位。每万名就业人员中研发人员数为 86.01 人年，居全省第 9 位。R&D 人员中研究人员占比为 31.04%，居全省第 4 位。规上工业企业 R&D 人员占规上工业企业从业人员比重为 10.40%，居全省第 5 位。

全社会 R&D 经费支出 92.71 亿元，较上年增长 10.41%，占 GDP 比重为 2.79%，较上年提高 0.16 个百分点，占 GDP 比重居全省第 7 位。基础研究经费支出 2.25 亿元，居全省第 8 位。地方财政科技支出为 5.79 亿元，较上年增长 0.85 亿元。规上工业企业 R&D 经费支出为 76.54 亿元，居全省第 13 位。高校和研究机构 R&D 经费内部支出中企业资金占比为 23.58%，居全省第 13 位。

区域综合科技创新水平分析 | 第三部分

每万家企业法人单位中高新技术企业数82.85家，居全省第9位。有研发活动的规上工业企业数为549家，居全省第11位。规上高新技术产业产值占规上工业产值比重为65.28%，居全省第3位。

每万人高价值发明专利拥有量为3.19件，居全省第12位。每亿元R&D经费支出发明专利授权数为14.79件，居全省第10位。规上工业企业发明专利拥有量为4905件，居全省第10位。万名研究人员科技论文数为5172.77篇，居全省第4位。登记技术合同成交额172.26亿元，较上年增长94.40%。

每名R&D人员仪器和设备支出为2.06万元，居全省第9位。科学研究和技术服务业平均工资比较系数为100.81%，居全省第5位。实际使用外资金额5.70亿美元，占GDP比重为1.21%，较上年提高0.03个百分点。

表3-9所示为2023年泰安市科技创新各级指标值和排名与上年比较情况。

表3-9 2023年泰安市科技创新各级指标值和排名与上年比较情况

指标名称	指标值 2022年	指标值 2023年	排名 2022年	排名 2023年
综合科技创新水平指数（%）	58.62	61.76	8	9
创新投入指数（%）	41.35	48.97	11	10
全社会R&D经费支出（亿元）	83.97	92.71	13	11
全社会R&D经费支出占GDP比重（%）	2.63	2.79	8	7
地方财政科技支出占一般公共预算支出的比重（%）	1.12	1.25	11	9
基础研究经费支出占R&D经费支出的比重（%）	1.40	2.43	11	7
R&D人员全时当量（万人年）	2.06	2.53	11	10
每万名就业人员中研发人员数（人年）	71.11	86.01	9	9
R&D人员中研究人员占比（%）	31.64	31.04	4	4
创新产出指数（%）	61.22	46.88	7	8
每亿元GDP技术合同成交额（万元）	277.28	518.25	11	5
每万人高价值发明专利拥有量（件）	2.31	3.19	13	12
万名研究人员科技论文数（篇）	6519.89	5172.77	4	4
每亿元R&D经费支出发明专利授权数（件）	11.87	14.79	12	10
高新技术产品出口值占商品出口总值比重（%）	5.22	6.86	9	7
企业创新指数（%）	75.27	72.10	10	11
规上工业企业R&D经费支出占营业收入比重（%）	2.51	2.49	3	3
规上工业企业R&D人员占规上工业企业从业人员比重（%）	10.87	10.40	7	5
有研发活动的规上工业企业数（家）	755	549	12	11
有研发活动的规上工业企业占规上工业企业比重（%）	56.09	34.90	7	13
规上工业企业新产品销售收入（亿元）	1048.32	1327.47	14	14
规上工业企业新产品销售收入占营业收入比重（%）	35.63	43.25	11	9
每万名规上工业企业R&D人员发明专利拥有量（件）	2013.37	2584.45	13	7
高校和研究机构R&D经费内部支出中企业资金占比（%）	28.91	23.58	8	13
创新环境指数（%）	60.06	64.45	8	8
每名R&D人员仪器和设备支出（万元）	1.93	2.06	12	9
每万家企业法人单位中高新技术企业数（家）	62.65	82.85	8	9
科学研究和技术服务业平均工资比较系数（%）	118.50	100.81	5	5
实际使用外资金额占GDP比重（%）	1.18	1.21	14	11
享受研发费用加计扣除减免税政策的规上工业企业占规上工业企业的比重（%）	26.00	28.86	6	7
创新驱动指数（%）	55.06	76.23	9	7
全员劳动生产率（万元/人）	11.00	11.31	12	12
科学研究和技术服务业增加值占GDP比重（%）	1.61	1.62	7	8
"四新"经济增加值占GDP比重（%）	30.8	33.1	10	8
万元GDP综合能耗较上年降低率（%）	4.93	4.62	9	11
规上高新技术产业产值占规上工业产值比重（%）	61.18	65.28	4	3

十、威海市

（一）科技创新发展情况

2023年，威海市深入实施创新驱动发展战略，新培育省级以上单项冠军、专精特新、瞪羚企业266家；光威复材获评第六批国家级工业设计中心，达因制药获批国家级企业技术中心，环翠区"双创人"孵化器被认定为国家级科技企业孵化器，新增省级企业技术中心10家；新引育国家级重点人才计划专家17人、泰山产业领军人才56人、省级海外工程师16人，引进青年人才2.3万人，获批海外高层次人才工作站4家。经综合评价，威海市综合科技创新水平指数为70.96%，居全省第5位；与上年相比，提高0.66个百分点。

图3-10为2023年威海市一级评价指标指数与上年及全省平均水平比较情况。

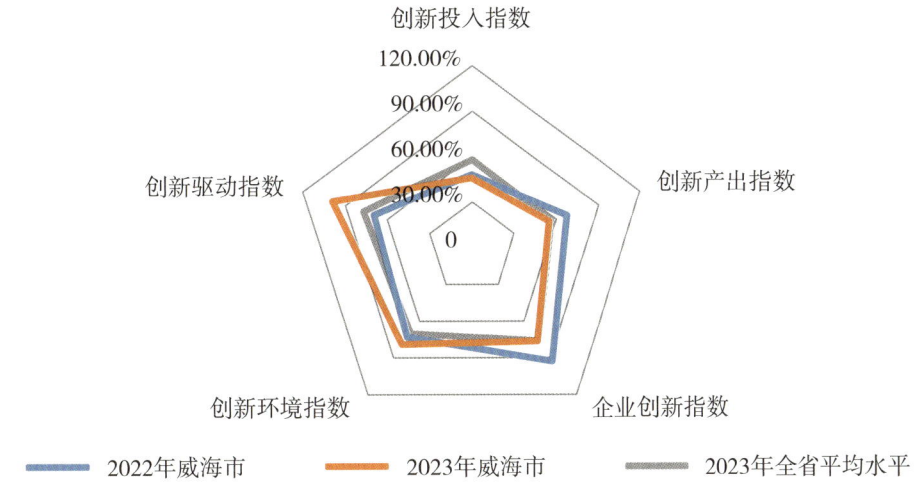

图3-10　2023年威海市一级评价指标指数与上年及全省平均水平比较情况

1. 科技创新优势指标分析

创新驱动较快增长。2023年，威海市创新驱动指数为98.62%，较上年提高29.32个百分点，居全省第3位。高新技术产业保持领跑优势，规上高新技术产业产值占规上工业产值比重较上年提升3.60个百分点，保持全省首位。绿色转型纵深推进，万元GDP综合能耗较上年降低率提升10个位次。新兴动能加速崛起，"四新"经济增加值占GDP比重较上年提升3.4个百分点。

创新环境优化升级。2023年，威海市创新环境指数为79.32%，较上年提高5.99个百分点，居全省第6位。创新主体集聚效应凸显，每万家企业法人单位中高新技术企业数达165.48家，保持全省首位。研发硬件保障水平提升，每名R&D人员仪器和设备支出较上年增长0.50万元，跃升5个位次。

2. 科技创新劣势指标分析

企业创新仍需发力。2023年，威海市规上工业企业R&D经费支出占营业收入比重较上年下降0.60个百分点，降幅全省最大。规上工业企业R&D人员占规上工业企业从业人员比重较上年下降1.41个百分点。每万名规上工业企业R&D人员发明专利拥有量较上年下降19.67件。建议强化政策引导与资源倾斜，通过税收优惠、研发补贴等方式激励规上工业企业加大研发投入，完善人才培养和引进机制以稳定研发人员队伍，推动企业提升专利创造质量和效率。

创新投入略有下降。2023年，威海市全社会R&D经费支出占GDP比重较上年下降0.10个百分点，是全省唯一下降的市。基础研究经费支出占R&D经费支出的比重较上年下降0.57个百分点。每万名就业人员中研发人员数较上年减少1.54人年。应强化财政科技投入稳定增长机制，积极引导企业和社会资本加大研发投入，重点提升对基础研究的支持力度，同时通过优化人才政策、壮大研发人才队伍，筑牢创新发展根基。

（二）创新发展主要指标及位次

2023年，威海市地区生产总值（GDP）为3513.54亿元，居全省第11位。全员劳动生产率为21.36万元/人，居全省第5位。"四新"经济增加值占GDP比重为35.2%，居全省第5位。万元GDP综合能耗较上年降低率为9.28%，居全省第4位。

R&D人员全时当量为2.19万人年，居全省第12位。每万名就业人员中研发人员数为133.09人年，居全省第5位。R&D人员中研究人员占比为28.96%，居全省第7位。规上工业企业R&D人员占规上工业企业从业人员比重为9.80%，居全省第9位。

全社会R&D经费支出86.35亿元，较上年减少0.80%，占GDP比重为2.46%，较上年下降0.10个百分点，占GDP比重居全省第10位。基础研究经费支出0.35

亿元，居全省第 15 位。地方财政科技支出为 8.86 亿元，较上年增长 1.10 亿元。规上工业企业 R&D 经费支出为 80.60 亿元，居全省第 12 位。高校和研究机构 R&D 经费内部支出中企业资金占比为 27.29%，居全省第 9 位。

每万家企业法人单位中高新技术企业数 165.48 家，居全省第 1 位。有研发活动的规上工业企业数为 543 家，居全省第 13 位。规上高新技术产业产值占规上工业产值比重为 72.65%，居全省第 1 位。

每万人高价值发明专利拥有量为 10.67 件，居全省第 3 位。每亿元 R&D 经费支出发明专利授权数为 18.27 件，居全省第 7 位。规上工业企业发明专利拥有量为 4858 件，居全省第 11 位。万名研究人员科技论文数为 1083.43 篇，居全省第 16 位。登记技术合同成交额 153.58 亿元，较上年减少 9.46%。

每名 R&D 人员仪器和设备支出为 2.25 万元，居全省第 8 位。科学研究和技术服务业平均工资比较系数为 76.55%，居全省第 11 位。实际使用外资金额 7.94 亿美元，占 GDP 比重为 1.59%，较上年下降 0.54 个百分点。

表 3-10 所示为 2023 年威海市科技创新各级指标值和排名与上年比较情况。

表 3-10 2023 年威海市科技创新各级指标值和排名与上年比较情况

指标名称	指标值 2022 年	指标值 2023 年	排名 2022 年	排名 2023 年
综合科技创新水平指数（%）	70.31	70.96	5	5
创新投入指数（%）	48.08	45.98	8	11
全社会 R&D 经费支出（亿元）	87.04	86.35	12	13
全社会 R&D 经费支出占 GDP 比重（%）	2.56	2.46	9	10
地方财政科技支出占一般公共预算支出的比重（%）	1.86	2.06	8	6
基础研究经费支出占 R&D 经费支出的比重（%）	0.98	0.40	14	15
R&D 人员全时当量（万人年）	2.21	2.19	9	12
每万名就业人员中研发人员数（人年）	134.63	133.09	5	5
R&D 人员中研究人员占比（%）	28.24	28.96	10	7
创新产出指数（%）	67.93	55.61	5	6
每亿元 GDP 技术合同成交额（万元）	497.92	437.11	6	13
每万人高价值发明专利拥有量（件）	8.10	10.67	3	3
万名研究人员科技论文数（篇）	846.26	1083.43	16	16
每亿元 R&D 经费支出发明专利授权数（件）	17.06	18.27	8	7
高新技术产品出口值占商品出口总值比重（%）	7.71	8.38	4	4
企业创新指数（%）	93.03	76.53	3	7
规上工业企业 R&D 经费支出占营业收入比重（%）	3.54	2.95	1	1
规上工业企业 R&D 人员占规上工业企业从业人员比重（%）	11.21	9.80	5	9
有研发活动的规上工业企业数（家）	750	543	13	13
有研发活动的规上工业企业占规上工业企业比重（%）	57.16	38.73	3	6
规上工业企业新产品销售收入（亿元）	1484.62	1406.12	12	13
规上工业企业新产品销售收入占营业收入比重（%）	64.12	51.39	1	2
每万名规上工业企业 R&D 人员发明专利拥有量（件）	2445.61	2425.94	9	11
高校和研究机构 R&D 经费内部支出中企业资金占比（%）	19.79	27.29	12	9
创新环境指数（%）	73.33	79.32	5	6
每名 R&D 人员仪器和设备支出（万元）	1.75	2.25	13	8
每万家企业法人单位中高新技术企业数（家）	133.78	165.48	1	1
科学研究和技术服务业平均工资比较系数（%）	79.51	76.55	10	11
实际使用外资金额占 GDP 比重（%）	2.13	1.59	3	5
享受研发费用加计扣除减免税政策的规上工业企业占规上工业企业的比重（%）	27.74	27.67	4	8
创新驱动指数（%）	69.31	98.62	4	3
全员劳动生产率（万元/人）	20.72	21.36	5	5
科学研究和技术服务业增加值占 GDP 比重（%）	1.72	1.90	6	5
"四新"经济增加值占 GDP 比重（%）	31.8	35.2	7	5
万元 GDP 综合能耗较上年降低率（%）	2.37	9.28	14	4
规上高新技术产业产值占规上工业产值比重（%）	69.05	72.65	1	1

十一、日照市

（一）科技创新发展情况

2023 年，日照市加强科技创新与产业创新协同，优化资源配置和政策集成，争引省级科技计划项目 76 个，获批省级科技孵化载体 12 家。新增省级专精特新中小企业 202 家，7 家企业入围国家级"专精特新"小巨人企业，5 家企业获评国家知识产权示范企业和优势企业。人才工作开创新局面，引进高层次创新创业团队 117 个、创新人才 949 人，引进青年人才 2.6 万人。经综合评价，日照市综合科技创新水平指数为 47.35%，居全省第 15 位；与上年相比，下降 1.55 个百分点。

图 3-11 为 2023 年日照市一级评价指标指数与上年及全省平均水平比较情况。

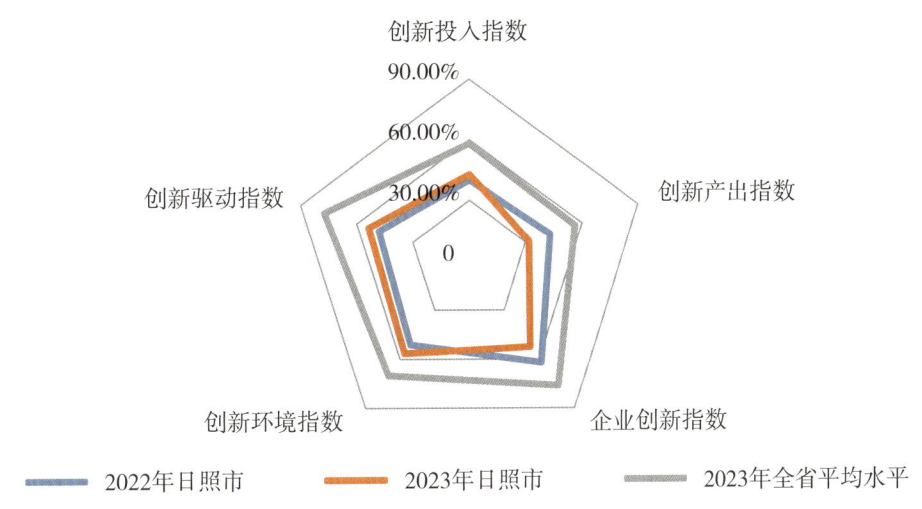

图 3-11　2023 年日照市一级评价指标指数与上年及全省平均水平比较情况

1. 科技创新优势指标分析

创新环境优化升级。2023 年，日照市创新环境指数为 56.15%，较上年提高 5.30 个百分点，居全省第 11 位。创新基础条件持续改善，每名 R&D 人员仪器和设备支出较上年增长 0.33 万元。每万家企业法人单位中高新技术企业数提升 1 个位次，居全省第 6 位。政策红利加速释放，享受研发费用加计扣除减免税政策的规上工业企业占规上工业企业的比重为 17.34%，居全省第 12 位。

创新投入持续扩大。2023 年，日照市创新投入指数为 42.93%，较上年提高 2.72

个百分点，居全省第 14 位。财政支撑有力，地方财政科技支出占一般公共预算支出的比重较上年提高 1.02 个百分点，跃居全省首位。研发投入强度领跑，全社会 R&D 经费支出占 GDP 比重达 3.17%，居全省第 2 位。

创新驱动能力略有增强。2023 年，日照市创新驱动指数为 53.70%，较上年提高 5.48 个百分点，居全省第 16 位。劳动生产率稳步提升，全员劳动生产率较上年增长 0.56 万元 / 人。节能降耗成效显现，万元 GDP 综合能耗较上年降低率提升 2 个位次。新动能培育持续发力，"四新"经济增加值占 GDP 比重较上年提升 1.2 个百分点。

2. 科技创新劣势指标分析

产出效能有待提升。2023 年，日照市每亿元 GDP 技术合同成交额位次下降 5 位。每亿元 R&D 经费支出发明专利授权数居全省末位。应加强产学研协同创新平台建设，完善科技成果转移转化激励机制，引导企业加大高价值专利培育和技术市场化应用力度，助力创新产出质效双升。

企业创新动能亟待增强。2023 年，日照市规上工业企业 R&D 经费支出占营业收入比重较上年下降 0.09 个百分点。规上工业企业新产品销售收入下降，占营业收入比重居全省末位。需加大对规上工业企业研发投入的政策激励，引导企业强化新产品研发与市场开拓，推动建立产学研深度合作机制以提升创新能力。

（二）创新发展主要指标及位次

2023 年，日照市地区生产总值（GDP）为 2390.86 亿元，居全省第 15 位。全员劳动生产率为 15.01 万元 / 人，居全省第 7 位。"四新"经济增加值占 GDP 比重为 31.6%，居全省第 12 位。万元 GDP 综合能耗较上年降低率为 3.39%，居全省第 13 位。

R&D 人员全时当量为 1.11 万人年，居全省第 16 位。每万名就业人员中研发人员数为 69.72 人年，居全省第 13 位。R&D 人员中研究人员占比为 25.50%，居全省第 13 位。规上工业企业 R&D 人员占规上工业企业从业人员比重为 8.98%，居全省第 13 位。

全社会 R&D 经费支出 75.70 亿元，较上年增长 4.54%，占 GDP 比重为 3.17%，较上年提高 0.02 个百分点，占 GDP 比重居全省第 2 位。基础研究经费支出 0.13 亿元，居全省第 16 位。地方财政科技支出为 12.11 亿元，较上年增长 4.12 亿元。规上工业企业 R&D 经费支出为 69.04 亿元，居全省第 14 位。高校和研究机构 R&D 经费内部支出中企业资金占比为 33.00%，居全省第 7 位。

每万家企业法人单位中高新技术企业数 96.48 家，居全省第 6 位。有研发活动的规上工业企业数为 376 家，居全省第 16 位。规上高新技术产业产值占规上工业产值比重为 27.02%，居全省第 16 位。

每万人高价值发明专利拥有量为 4.70 件，居全省第 9 位。每亿元 R&D 经费支出发明专利授权数为 8.30 件，居全省第 16 位。规上工业企业发明专利拥有量为 2321 件，居全省第 16 位。万名研究人员科技论文数为 2118.64 篇，居全省第 12 位。登记技术合同成交额 107.39 亿元，较上年减少 7.66%。

每名 R&D 人员仪器和设备支出为 1.48 万元，居全省第 15 位。科学研究和技术服务业平均工资比较系数为 95.73%，居全省第 7 位。实际使用外资金额 4.58 亿美元，占 GDP 比重为 1.35%，较上年下降 0.71 个百分点。

表 3-11 所示为 2023 年日照市科技创新各级指标值和排名与上年比较情况。

表 3-11　2023 年日照市科技创新各级指标值和排名与上年比较情况

指标名称	指标值 2022 年	指标值 2023 年	排名 2022 年	排名 2023 年
综合科技创新水平指数（%）	48.89	47.35	15	15
创新投入指数（%）	40.21	42.93	12	14
全社会 R&D 经费支出（亿元）	72.41	75.70	14	14
全社会 R&D 经费支出占 GDP 比重（%）	3.15	3.17	2	2
地方财政科技支出占一般公共预算支出的比重（%）	2.77	3.78	3	1
基础研究经费支出占 R&D 经费支出的比重（%）	0.17	0.17	16	16
R&D 人员全时当量（万人年）	1.09	1.11	15	16
每万名就业人员中研发人员数（人年）	68.26	69.72	11	13
R&D 人员中研究人员占比（%）	28.11	25.50	11	13
创新产出指数（%）	43.02	31.91	13	15
每亿元 GDP 技术合同成交额（万元）	505.49	449.17	5	10
每万人高价值发明专利拥有量（件）	3.81	4.70	9	9
万名研究人员科技论文数（篇）	2412.52	2118.64	11	12
每亿元 R&D 经费支出发明专利授权数（件）	10.26	8.30	14	16
高新技术产品出口值占商品出口总值比重（%）	2.03	2.40	15	15
企业创新指数（%）	61.86	52.30	14	16
规上工业企业 R&D 经费支出占营业收入比重（%）	1.52	1.43	12	12
规上工业企业 R&D 人员占规上工业企业从业人员比重（%）	10.36	8.98	9	13
有研发活动的规上工业企业数（家）	570	376	14	16
有研发活动的规上工业企业占规上工业企业比重（%）	60.57	36.02	2	8
规上工业企业新产品销售收入（亿元）	755.60	696.27	15	15
规上工业企业新产品销售收入占营业收入比重（%）	17.24	14.46	16	16
每万名规上工业企业 R&D 人员发明专利拥有量（件）	2104.16	2575.48	12	8
高校和研究机构 R&D 经费内部支出中企业资金占比（%）	37.34	33.00	5	7
创新环境指数（%）	50.86	56.15	13	11
每名 R&D 人员仪器和设备支出（万元）	1.15	1.48	16	15
每万家企业法人单位中高新技术企业数（家）	74.69	96.48	7	6
科学研究和技术服务业平均工资比较系数（%）	100.07	95.73	7	7
实际使用外资金额占 GDP 比重（%）	2.06	1.35	5	10
享受研发费用加计扣除减免税政策的规上工业企业占规上工业企业的比重（%）	12.43	17.34	15	12
创新驱动指数（%）	48.22	53.70	16	16
全员劳动生产率（万元/人）	14.45	15.01	8	7
科学研究和技术服务业增加值占 GDP 比重（%）	1.12	1.11	14	14
"四新"经济增加值占 GDP 比重（%）	30.4	31.6	11	12
万元 GDP 综合能耗较上年降低率（%）	1.56	3.39	15	13
规上高新技术产业产值占规上工业产值比重（%）	28.50	27.02	16	16

十二、临沂市

（一）科技创新发展情况

2023年，临沂市坚持以"围绕产业抓科技，壮大产业强科技"为指引，创新生态不断优化。新认定国家级专精特新"小巨人"企业19家。成立全省首家市级技术成果交易中心，经方和现代中药融合创新全国重点实验室成功重组，临沂应用科学城国家级科技企业孵化器顺利获批，高新区入选国家级"企业创新积分制"试点。出台人才支撑产业发展政策10条，布局"人才飞地"6个。累计联合实施市级以上重大科研项目145项，建立院士工作站17家。经综合评价，临沂市综合科技创新水平指数为54.55%，居全省第13位；与上年相比，提高1.08个百分点。

图3-12为临沂市一级评价指标指数与上年及全省平均水平比较情况。

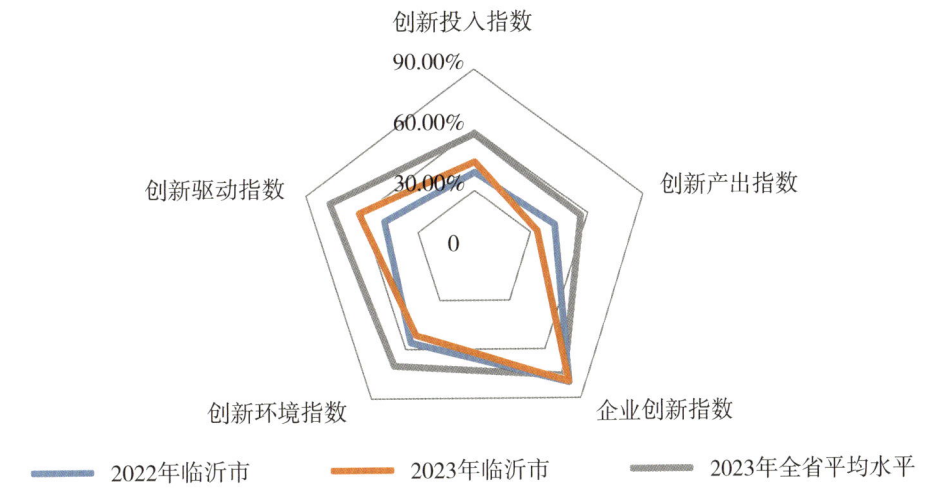

图3-12　2023年临沂市一级评价指标指数与上年及全省平均水平比较情况

1. 科技创新优势指标分析

企业创新成效显著。2023年，临沂市企业创新指数为79.72%，居全省第6位。企业与科研机构创新资源对接效率不断提升，高校和研究机构R&D经费内部支出中企业资金占比达48.39%，跃居全省第3位。有研发活动的规上工业企业数保持全省第2位。新产品市场竞争力增强，规上工业企业新产品销售收入占营业收入比重较上年提高10.52个百分点，提高幅度居全省第4位。

创新投入稳步提升。2023年，临沂市创新投入指数为44.45%，较上年提高5.27个百分点，居全省第12位。研发投入持续稳固，全社会R&D经费支出保持全省第5位，占GDP比重较上年提高0.16个百分点。研发人才规模与密度持续跃升，R&D人员全时当量较上年增长31.29%，每万名就业人员中研发人员数较上年增长15.16人年。

创新驱动势能凸显。2023年，临沂市创新驱动指数为61.85%，较上年提高13.59个百分点，居全省第14位。能源资源利用效率跃升，万元GDP综合能耗较上年降低率提升7个位次。经济结构优化升级态势持续向好，"四新"经济增加值占GDP比重较上年提升2.1个百分点。劳动力生产效能稳步提升，全员劳动生产率较上年增长0.55万元/人。

2. 科技创新劣势指标分析

创新产出效率衰减。2023年，临沂市高新技术产品出口值占商品出口总值比重为1.92%，排名全省末位。万名研究人员科技论文数较上年下降729.21篇。应强化产学研深度融合，加快高能级创新平台建设，加大对高新技术企业出口的政策扶持，培育外贸综合服务企业和跨境电商主体，拓展国际市场。

创新环境支撑能力减弱。2023年，临沂市每名R&D人员仪器和设备支出较上年减少0.87万元，下降7个位次。实际使用外资金额占GDP比重、享受研发费用加计扣除减免税政策的规上工业企业占规上工业企业的比重均降至全省第15位，排名落后。应加大创新基础设施投入，稳定科研设备配置水平，提高外资引进与利用效率，优化研发税收优惠政策落地机制，提升政策覆盖广度与精准度，助力创新生态环境提质增效。

（二）创新发展主要指标及位次

2023年，临沂市地区生产总值（GDP）为6105.17亿元，居全省第5位。全员劳动生产率为10.32万元/人，居全省第15位。"四新"经济增加值占GDP比重为32.9%，居全省第10位。万元GDP综合能耗较上年降低率为6.63%，居全省第6位。

R&D人员全时当量为3.77万人年，居全省第5位。每万名就业人员中研发人员数为63.73人年，居全省第14位。R&D人员中研究人员占比为25.56%，居全省第12位。规上工业企业R&D人员占规上工业企业从业人员比重为8.30%，居全省第 15 位。

全社会 R&D 经费支出 146.59 亿元，较上年增长 13.11%，占 GDP 比重为 2.40%，较上年提高 0.16 个百分点，占 GDP 比重居全省第 12 位。基础研究经费支出 1.85 亿元，居全省第 11 位。地方财政科技支出为 9.99 亿元，较上年增长 0.95 亿元。规上工业企业 R&D 经费支出为 128.84 亿元，居全省第 5 位。高校和研究机构 R&D 经费内部支出中企业资金占比为 48.39%，居全省第 3 位。

每万家企业法人单位中高新技术企业数 70.21 家，居全省第 12 位。有研发活动的规上工业企业数为 1697 家，居全省第 2 位。规上高新技术产业产值占规上工业产值比重为 44.73%，居全省第 13 位。

每万人高价值发明专利拥有量为 3.07 件，居全省第 13 位。每亿元 R&D 经费支出发明专利授权数为 14.05 件，居全省第 11 位。规上工业企业发明专利拥有量为 6918 件，居全省第 6 位。万名研究人员科技论文数为 1604.90 篇，居全省第 14 位。登记技术合同成交额 319.79 亿元，较上年增长 104.23%。

每名 R&D 人员仪器和设备支出为 1.66 万元，居全省第 13 位。科学研究和技术服务业平均工资比较系数为 76.58%，居全省第 10 位。实际使用外资金额 7.39 亿美元，占 GDP 比重为 0.85%，较上年下降 0.76 个百分点。

表 3-12 所示为 2023 年临沂市科技创新各级指标值和排名与上年比较情况。

表 3-12 2023 年临沂市科技创新各级指标值和排名与上年比较情况

指标名称	指标值 2022 年	指标值 2023 年	排名 2022 年	排名 2023 年
综合科技创新水平指数（%）	53.47	54.55	13	13
创新投入指数（%）	39.18	44.45	14	12
全社会 R&D 经费支出（亿元）	129.60	146.59	5	5
全社会 R&D 经费支出占 GDP 比重（%）	2.24	2.40	12	12
地方财政科技支出占一般公共预算支出的比重（%）	1.03	1.09	13	12
基础研究经费支出占 R&D 经费支出的比重（%）	1.23	1.26	13	12
R&D 人员全时当量（万人年）	2.87	3.77	6	5
每万名就业人员中研发人员数（人年）	48.58	63.73	15	14
R&D 人员中研究人员占比（%）	25.28	25.56	13	12
创新产出指数（%）	42.47	33.24	14	14
每亿元 GDP 技术合同成交额（万元）	271.10	523.80	13	4
每万人高价值发明专利拥有量（件）	2.38	3.07	12	13
万名研究人员科技论文数（篇）	2334.11	1604.90	13	14
每亿元 R&D 经费支出发明专利授权数（件）	11.95	14.05	11	11
高新技术产品出口值占商品出口总值比重（%）	1.78	1.92	16	16
企业创新指数（%）	80.16	79.72	8	6
规上工业企业 R&D 经费支出占营业收入比重（%）	1.73	1.62	7	11
规上工业企业 R&D 人员占规上工业企业从业人员比重（%）	9.02	8.30	12	15
有研发活动的规上工业企业数（家）	1806	1697	2	2
有研发活动的规上工业企业占规上工业企业比重（%）	45.85	36.11	13	7
规上工业企业新产品销售收入（亿元）	2542.55	3758.45	8	7
规上工业企业新产品销售收入占营业收入比重（%）	36.67	47.19	10	5
每万名规上工业企业 R&D 人员发明专利拥有量（件）	2689.88	2111.84	7	13
高校和研究机构 R&D 经费内部支出中企业资金占比（%）	37.17	48.39	6	3
创新环境指数（%）	55.75	51.15	11	14
每名 R&D 人员仪器和设备支出（万元）	2.53	1.66	6	13
每万家企业法人单位中高新技术企业数（家）	53.18	70.21	12	12
科学研究和技术服务业平均工资比较系数（%）	77.71	76.58	13	10
实际使用外资金额占 GDP 比重（%）	1.62	0.85	8	15
享受研发费用加计扣除减免税政策的规上工业企业占规上工业企业的比重（%）	17.03	15.75	13	15
创新驱动指数（%）	48.26	61.85	15	14
全员劳动生产率（万元/人）	9.77	10.32	15	15
科学研究和技术服务业增加值占 GDP 比重（%）	0.99	1.02	16	16
"四新"经济增加值占 GDP 比重（%）	30.8	32.9	9	10
万元 GDP 综合能耗较上年降低率（%）	2.61	6.63	13	6
规上高新技术产业产值占规上工业产值比重（%）	43.37	44.73	11	13

十三、德州市

（一）科技创新发展情况

2023年，德州市厚植科技创新能力，4家企业获评国家知识产权示范企业，齐鲁高新技术开发区获批省级高新区，新增省级以上创新平台49家、院士工作站18家。推动关键技术攻关，4个项目获省重点研发计划（重大科技创新工程）立项支持，51个项目获国家、省科技计划立项，资金支持额度5882.5万元。新入选国家、省重点人才工程的有44人，新集聚青年人才3.5万人，新培育技能人才8.3万人，创新生态持续优化。经综合评价，德州市综合科技创新水平指数为59.09%，居全省第10位；与上年相比，提高3.04个百分点。

图3-13为2023年德州市一级评价指标指数与上年及全省平均水平比较情况。

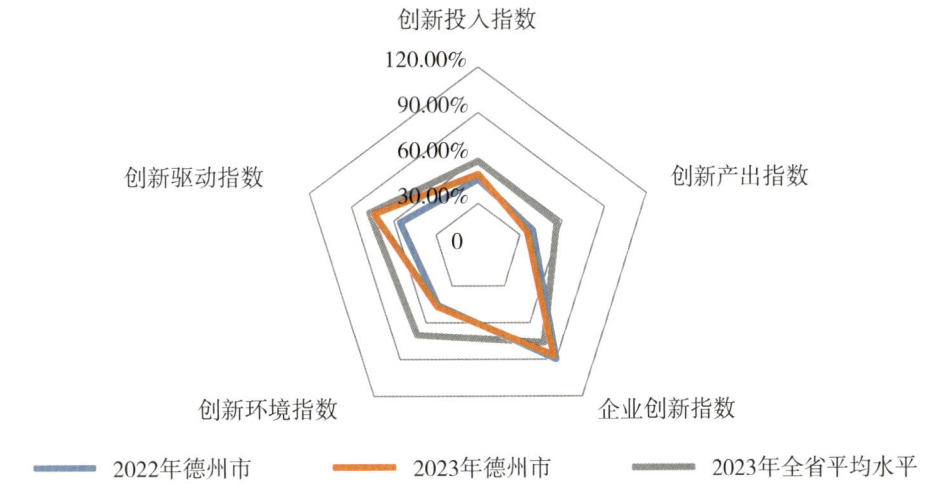

图3-13　2023年德州市一级评价指标指数与上年及全省平均水平比较情况

1. 科技创新优势指标分析

企业创新动能强劲。2023年，德州市企业创新指数为87.13%，位次较上年上升1位，居全省第3位。规上工业企业R&D人员占规上工业企业从业人员比重、高校和研究机构R&D经费内部支出中企业资金占比均居全省首位，产学研融合趋势向好。企业创新意识持续提升，规上工业企业R&D经费支出占营业收入比重居全省第2位。

创新驱动提速发展。2023年，德州市创新驱动指数为73.98%，较上年提高18.57个百分点，居全省第8位。能源利用效率不断提升，万元GDP综合能耗较上年降低率跃升至全省首位。产业结构持续优化，科学研究和技术服务业增加值占GDP比重提升2个位次。高新技术引领工业高质量发展，规上高新技术产业产值占规上工业产值比重较上年提高6.82个百分点。

创新投入稳健增长。2023年，德州市创新投入指数为49.15%，较上年提高3.29个百分点，居全省第9位。对科技创新重视程度不断提高，全社会R&D经费支出占GDP比重、地方财政科技支出占一般公共预算支出的比重保持全省第4位。研发投入结构持续优化，基础研究经费支出占R&D经费支出的比重较上年提高0.30个百分点。

2. 科技创新劣势指标分析

创新环境仍需改善。2023年，德州市每名R&D人员仪器和设备支出较上年减少0.37万元，降至全省末位。科学研究和技术服务业平均工资比较系数较上年下降5.85个百分点。应加大财政支持力度，优化研发资源配置，提升科研人员薪资水平，通过设立专项补贴、完善激励机制和产学研协同创新政策，破解人才吸引力下降的困境。

高新技术产品在全球竞争中面临挑战。2023年，德州市高新技术产品出口值占商品出口总值比重位居全省第3位，但较上年下降3.01个百分点，降幅全省最大。应鼓励开发高附加值产品，出台税收、信贷优惠等专项补贴政策，助力高新技术产品出口企业稳定市场份额，提升国际竞争力。

（二）创新发展主要指标及位次

2023年，德州市地区生产总值（GDP）为3805.27亿元，居全省第10位。全员劳动生产率为12.16万元/人，居全省第11位。"四新"经济增加值占GDP比重为33.1%，居全省第8位。万元GDP综合能耗较上年降低率为19.96%，居全省第1位。

R&D人员全时当量为2.62万人年，居全省第9位。每万名就业人员中研发人员数为83.82人年，居全省第11位。R&D人员中研究人员占比为24.98%，居全省第14位。规上工业企业R&D人员占规上工业企业从业人员比重为11.93%，居全省第1位。

区域综合科技创新水平分析 | 第三部分

全社会 R&D 经费支出 115.80 亿元，较上年增长 6.27%，占 GDP 比重为 3.04%，较上年提高 0.04 个百分点，占 GDP 比重居全省第 4 位。基础研究经费支出 1.41 亿元，居全省第 12 位。地方财政科技支出为 15.51 亿元，较上年增长 0.59 亿元。规上工业企业 R&D 经费支出为 109.48 亿元，居全省第 7 位。高校和研究机构 R&D 经费内部支出中企业资金占比为 71.22%，居全省第 1 位。

每万家企业法人单位中高新技术企业数 84.57 家，居全省第 8 位。有研发活动的规上工业企业数为 893 家，居全省第 8 位。规上高新技术产业产值占规上工业产值比重为 54.21%，居全省第 8 位。

每万人高价值发明专利拥有量为 2.80 件，居全省第 14 位。每亿元 R&D 经费支出发明专利授权数为 10.81 件，居全省第 13 位。规上工业企业发明专利拥有量为 5519 件，居全省第 8 位。万名研究人员科技论文数为 1841.34 篇，居全省第 13 位。登记技术合同成交额 163.14 亿元，较上年增长 86.28%。

每名 R&D 人员仪器和设备支出为 1.12 万元，居全省第 16 位。科学研究和技术服务业平均工资比较系数为 73.04%，居全省第 12 位。实际使用外资金额 5.77 亿美元，占 GDP 比重为 1.07%，较上年下降 0.12 个百分点。

表 3-13 所示为 2023 年德州市科技创新各级指标值和排名与上年比较情况。

表 3-13　2023 年德州市科技创新各级指标值和排名与上年比较情况

指标名称	指标值 2022 年	指标值 2023 年	排名 2022 年	排名 2023 年
综合科技创新水平指数（%）	56.06	59.09	11	10
创新投入指数（%）	45.86	49.15	9	9
全社会 R&D 经费支出（亿元）	108.97	115.80	8	7
全社会 R&D 经费支出占 GDP 比重（%）	3.00	3.04	4	4
地方财政科技支出占一般公共预算支出的比重（%）	2.60	2.49	4	4
基础研究经费支出占 R&D 经费支出的比重（%）	0.92	1.22	15	13
R&D 人员全时当量（万人年）	2.21	2.62	10	9
每万名就业人员中研发人员数（人年）	70.59	83.82	10	11
R&D 人员中研究人员占比（%）	26.55	24.98	12	14
创新产出指数（%）	39.16	35.30	15	13
每亿元 GDP 技术合同成交额（万元）	241.18	428.72	15	14
每万人高价值发明专利拥有量（件）	2.01	2.80	14	14
万名研究人员科技论文数（篇）	1816.18	1841.34	14	13
每亿元 R&D 经费支出发明专利授权数（件）	8.83	10.81	16	13
高新技术产品出口值占商品出口总值比重（%）	12.74	9.73	2	3
企业创新指数（%）	90.20	87.13	4	3
规上工业企业 R&D 经费支出占营业收入比重（%）	2.74	2.88	2	2
规上工业企业 R&D 人员占规上工业企业从业人员比重（%）	13.40	11.93	1	1
有研发活动的规上工业企业数（家）	1079	893	8	8
有研发活动的规上工业企业占规上工业企业比重（%）	55.94	39.78	8	3
规上工业企业新产品销售收入（亿元）	1641.98	1897.35	11	12
规上工业企业新产品销售收入占营业收入比重（%）	44.03	49.85	2	3
每万名规上工业企业 R&D 人员发明专利拥有量（件）	2471.71	2344.64	8	12
高校和研究机构 R&D 经费内部支出中企业资金占比（%）	54.07	71.22	2	1
创新环境指数（%）	46.20	47.25	15	15
每名 R&D 人员仪器和设备支出（万元）	1.50	1.12	15	16
每万家企业法人单位中高新技术企业数（家）	61.73	84.57	10	8
科学研究和技术服务业平均工资比较系数（%）	78.88	73.04	12	12
实际使用外资金额占 GDP 比重（%）	1.19	1.07	13	12
享受研发费用加计扣除减免税政策的规上工业企业占规上工业企业的比重（%）	16.23	15.86	14	14
创新驱动指数（%）	55.42	73.98	8	8
全员劳动生产率（万元/人）	11.61	12.16	11	11
科学研究和技术服务业增加值占 GDP 比重（%）	1.57	1.64	9	7
"四新"经济增加值占 GDP 比重（%）	31.4	33.1	8	8
万元 GDP 综合能耗较上年降低率（%）	12.74	19.96	2	1
规上高新技术产业产值占规上工业产值比重（%）	47.39	54.21	9	8

十四、聊城市

（一）科技创新发展情况

2023 年，聊城市着力推进科技强市建设，深度开展科技型企业"微成长、小升高、高壮大"梯次培育，进入国家科技型中小企业库企业有 1155 家。积极加快全链条创新平台布局，聊城大学参与共建的大分子药物与规模化制备全国重点实验室成功获批。深入开展产学研合作，完善服务体系，持续加强科技创新的支撑作用。经综合评价，聊城市综合科技创新水平指数为 56.50%，居全省第 12 位；与上年相比，提高 1.77 个百分点。

图 3-14 为 2023 年聊城市一级评价指标指数与上年及全省平均水平比较情况。

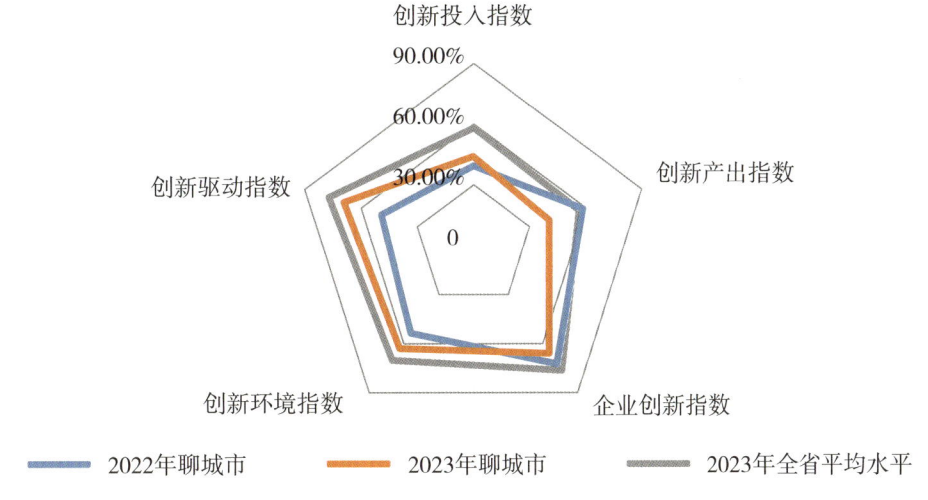

图 3-14　2023 年聊城市一级评价指标指数与上年及全省平均水平比较情况

1. 科技创新优势指标分析

创新环境优化升级。2023 年，聊城市创新环境指数为 63.07%，较上年提高 9.42 个百分点，居全省第 9 位。科研基础不断夯实，每名 R&D 人员仪器和设备支出跃升 7 个位次。经济的开放度不断增强，实际使用外资金额占 GDP 比重较上年提高 0.21 个百分点，提高幅度居全省首位。人才吸引力优势巩固，科学研究和技术服务业平均工资比较系数保持全省第 4 位。

创新驱动活力迸发。2023 年，聊城市创新驱动指数为 68.92%，较上年提高

19.93 个百分点，居全省第 10 位。产业结构优化升级，规上高新技术产业产值占规上工业产值比重较上年提高 7.36 个百分点，提高幅度居全省第 3 位。绿色低碳转型成效凸显，万元 GDP 综合能耗较上年降低率提高 1 个位次。

创新投入持续提升。2023 年，聊城市创新投入指数为 43.87%，较上年提高 4.59 个百分点，居全省第 13 位。研发投入强度全省领先，全社会 R&D 经费支出占 GDP 比重保持全省第 3 位。基础研究重视程度不断提高，基础研究经费支出占 R&D 经费支出的比重较上年提高 1.33 个百分点，提高幅度居全省第 2 位。

2. 科技创新劣势指标分析

创新产出仍需提升。2023 年，聊城市每亿元 GDP 技术合同成交额位次下降 6 位。每万人高价值发明专利拥有量、每亿元 R&D 经费支出发明专利授权数排名均较为落后。应聚焦提升成果转化效率与创新资源配置精准度，通过优化产学研协同机制、强化高价值专利培育导向，扭转技术交易活跃度与专利产出效能低的短板。

企业创新亟待突破。2023 年，聊城市规上工业企业 R&D 人员占规上工业企业从业人员比重降至全省末位。有研发活动的规上工业企业占规上工业企业比重较上年下降超 20 个百分点。应加大规上工业企业研发人员的引进和培养力度，同时鼓励更多企业开展研发活动，提升规上工业企业的研发能力和创新水平。

（二）创新发展主要指标及位次

2023 年，聊城市地区生产总值（GDP）为 2926.36 亿元，居全省第 14 位。全员劳动生产率为 10.37 万元/人，居全省第 14 位。"四新"经济增加值占 GDP 比重为 34.4%，居全省第 6 位。万元 GDP 综合能耗较上年降低率为 6.01%，居全省第 7 位。

R&D 人员全时当量为 1.53 万人年，居全省第 14 位。每万名就业人员中研发人员数为 54.31 人年，居全省第 15 位。R&D 人员中研究人员占比为 24.61%，居全省第 15 位。规上工业企业 R&D 人员占规上工业企业从业人员比重为 7.94%，居全省第 16 位。

全社会 R&D 经费支出 91.41 亿元，较上年增长 4.92%，占 GDP 比重为 3.12%，较上年提高 0.01 个百分点，占 GDP 比重居全省第 3 位。基础研究经费支出 2.92 亿元，居全省第 7 位。地方财政科技支出为 1.05 亿元，较上年增长 0.08 亿元。规上工业企业 R&D 经费支出为 85.20 亿元，居全省第 11 位。高校和研究机构 R&D 经费内部支出中企业资金占比为16.83%，居全省第15位。

每万家企业法人单位中高新技术企业数57.31家，居全省第15位。有研发活动的规上工业企业数为547家，居全省第12位。规上高新技术产业产值占规上工业产值比重为59.32%，居全省第5位。

每万人高价值发明专利拥有量为2.34件，居全省第15位。每亿元R&D经费支出发明专利授权数为9.40件，居全省第14位。规上工业企业发明专利拥有量为3596件，居全省第13位。万名研究人员科技论文数为6422.70篇，居全省第3位。登记技术合同成交额131.64亿元，较上年减少10.67%。

每名R&D人员仪器和设备支出为3.39万元，居全省第4位。科学研究和技术服务业平均工资比较系数为107.20%，居全省第4位。实际使用外资金额5.64亿美元，占GDP比重为1.36%，较上年提高0.21个百分点。

表3-14所示为2023年聊城市科技创新各级指标值和排名与上年比较情况。

表 3-14　2023 年聊城市科技创新各级指标值和排名与上年比较情况

指标名称	指标值 2022 年	指标值 2023 年	排名 2022 年	排名 2023 年
综合科技创新水平指数（%）	54.72	56.50	12	12
创新投入指数（%）	39.28	43.87	13	13
全社会 R&D 经费支出（亿元）	87.13	91.41	11	12
全社会 R&D 经费支出占 GDP 比重（%）	3.11	3.12	3	3
地方财政科技支出占一般公共预算支出的比重（%）	0.19	0.20	16	16
基础研究经费支出占 R&D 经费支出的比重（%）	1.87	3.20	9	6
R&D 人员全时当量（万人年）	1.63	1.53	13	14
每万名就业人员中研发人员数（人年）	58.46	54.31	13	15
R&D 人员中研究人员占比（%）	23.77	24.61	15	15
创新产出指数（%）	58.54	40.69	10	11
每亿元 GDP 技术合同成交额（万元）	525.34	449.84	3	9
每万人高价值发明专利拥有量（件）	1.77	2.34	15	15
万名研究人员科技论文数（篇）	5686.20	6422.70	5	3
每亿元 R&D 经费支出发明专利授权数（件）	10.93	9.40	13	14
高新技术产品出口值占商品出口总值比重（%）	3.28	3.34	13	14
企业创新指数（%）	72.28	65.95	11	13
规上工业企业 R&D 经费支出占营业收入比重（%）	1.84	1.84	6	7
规上工业企业 R&D 人员占规上工业企业从业人员比重（%）	9.80	7.94	10	16
有研发活动的规上工业企业数（家）	914	547	11	12
有研发活动的规上工业企业占规上工业企业比重（%）	55.60	28.53	10	15
规上工业企业新产品销售收入（亿元）	1648.22	2205.34	10	11
规上工业企业新产品销售收入占营业收入比重（%）	36.99	47.70	7	4
每万名规上工业企业 R&D 人员发明专利拥有量（件）	1950.01	2708.20	14	6
高校和研究机构 R&D 经费内部支出中企业资金占比（%）	18.27	16.83	14	15
创新环境指数（%）	53.65	63.07	12	9
每名 R&D 人员仪器和设备支出（万元）	2.33	3.39	11	4
每万家企业法人单位中高新技术企业数（家）	43.20	57.31	15	15
科学研究和技术服务业平均工资比较系数（%）	119.86	107.20	4	4
实际使用外资金额占 GDP 比重（%）	1.15	1.36	15	9
享受研发费用加计扣除减免税政策的规上工业企业占规上工业企业的比重（%）	18.13	20.55	12	11
创新驱动指数（%）	48.99	68.92	14	10
全员劳动生产率（万元/人）	10.06	10.37	14	14
科学研究和技术服务业增加值占 GDP 比重（%）	1.01	1.04	15	15
"四新"经济增加值占 GDP 比重（%）	33.9	34.4	5	6
万元 GDP 综合能耗较上年降低率（%）	5.12	6.01	8	7
规上高新技术产业产值占规上工业产值比重（%）	51.96	59.32	7	5

十五、滨州市

(一)科技创新发展情况

2023年,滨州市认真贯彻落实创新驱动发展战略,研发投入强度连续三年保持全省第一位。聚力关键核心技术攻关,取得基于GPT的无人机物流算法控制系统、纳米碳素复合纤维、全棉功能纺织品等19项重大技术突破。加速平台建设,新获批省级众创空间4家、省级新型研发机构2家、院士工作站5家;新获批中欧国家联合实验室、国家引才引智示范基地2家"国字"号平台,实现国家级研发平台零的突破。经综合评价,滨州市综合科技创新水平指数为57.63%,居全省第11位;与上年相比,提高0.56个百分点。

图3-15为2023年滨州市一级评价指标指数与上年及全省平均水平比较情况。

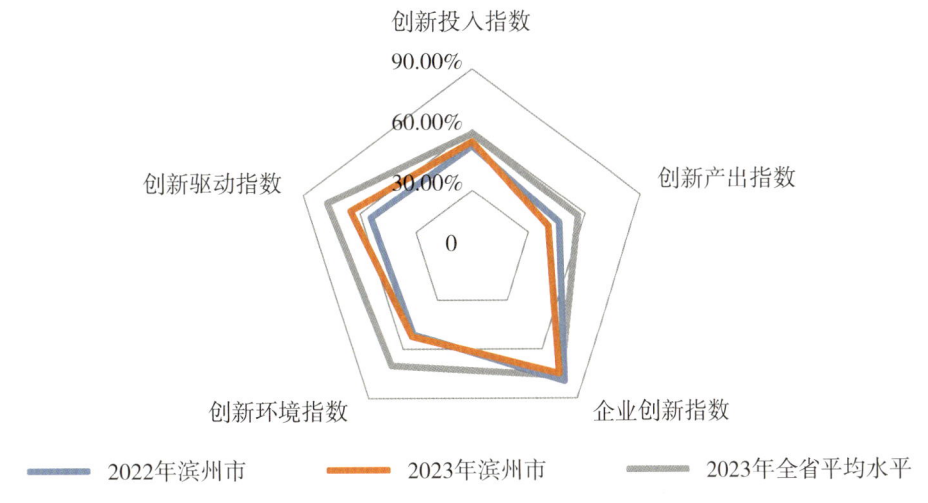

图3-15 2023年滨州市一级评价指标指数与上年及全省平均水平比较情况

1. 科技创新优势指标分析

创新投入持续增加。2023年,滨州市创新投入指数为54.20%,较上年提高2.12个百分点,居全省第6位。创新投入强度持续领跑全省,全社会R&D经费支出占GDP比重达3.70%,连续三年保持全省第1位;基础研究经费支出占R&D经费支出的比重较上年提高0.50个百分点,居全省第11位。人才队伍建设成效显现,每万名就业人员中研发人员数较上年增长15.02人年,达127.57人年,居全省第7位。

企业创新能力持续提升。2023 年，滨州市企业创新指数为 74.73%，居全省第 8 位，较上年上升 1 位。产学研协同创新机制进一步深化，高校和研究机构 R&D 经费内部支出中企业资金占比为 61.49%，较上年提高 12.03 个百分点，位次上升 1 位至全省第 2 位。研发人员规模与结构持续优化，创新成果转化能力不断增强，规上工业企业 R&D 人员占规上工业企业从业人员比重、有研发活动的规上工业企业占规上工业企业比重、规上工业企业新产品销售收入均居全省第 4 位。

创新驱动发展动能增强。2023 年，滨州市创新驱动指数为 64.94%，较上年提高 10.80 个百分点，居全省第 12 位。经济发展方式向高质量转变，绿色发展理念不断落实，"四新"经济增加值占 GDP 比重、万元 GDP 综合能耗较上年降低率均居全省第 2 位。生产效率持续优化，全员劳动生产率较上年增长 0.31 万元／人，位次居全省第 8 位。

2. 科技创新劣势指标分析

专利产出有待提高。2023 年，滨州市每亿元 R&D 经费支出发明专利授权数、每万名规上工业企业 R&D 人员发明专利拥有量均居全省第 15 位，应实施专利质量提升工程，聚焦战略性新兴产业，优化 R&D 经费配置结构，推动企业从"数量积累"向"质量突破"转型。同时，深化产学研协同创新，加速科技成果转化。

研究人员占比较低。2023 年，滨州市 R&D 人员中研究人员占比居全省第 16 位，且较上年下降 0.25 个百分点。应加大"高精尖缺"人才引进力度，通过特设岗位打破编制限制吸纳高端智力资源。推动高校科研人员与企业技术骨干双向挂职，全方位培养科技创新人才。

企业培育仍需加强。2023 年，滨州市每万家企业法人单位中高新技术企业数居全省第 14 位。应做大高新技术企业后备培育库，进一步优化企业服务生态，建立重点企业"一对一"帮扶机制。同时，根据科技型中小企业不同阶段的成长需求，进行梯度培育、差异扶持，推动科技型中小企业数量和质量双提升。

（二）创新发展主要指标及位次

2023 年，滨州市地区生产总值（GDP）为 3118.85 亿元，居全省第 13 位。全员劳动生产率为 14.83 万元／人，居全省第 8 位。"四新"经济增加值占 GDP 比重为 38.5%，居全省第 2 位。万元 GDP 综合能耗较上年降低率为 11.19%，居全省第 2 位。

R&D人员全时当量为2.68万人年，居全省第8位。每万名就业人员中研发人员数为127.57人年，居全省第7位。R&D人员中研究人员占比为18.05%，居全省第16位。规上工业企业R&D人员占规上工业企业从业人员比重为10.51%，居全省第4位。

全社会R&D经费支出115.32亿元，较上年增长4.21%，占GDP比重为3.70%，较上年提高0.02个百分点，占比居全省第1位。基础研究经费支出2.04亿元，居全省第9位。地方财政科技支出为6.43亿元，较上年下降3.43亿元。规上工业企业R&D经费支出为104.82亿元，居全省第8位。高校和研究机构R&D经费内部支出中企业资金占比为61.49%，居全省第2位。

每万家企业法人单位中高新技术企业数61.68家，居全省第14位。有研发活动的规上工业企业数为753家，居全省第9位。规上高新技术产业产值占规上工业产值比重为41.43%，居全省第14位。

每万人高价值发明专利拥有量为4.95件，居全省第8位。每亿元R&D经费支出发明专利授权数为9.19件，居全省第15位。规上工业企业发明专利拥有量为3997件，居全省第12位。万名研究人员科技论文数为3115.06篇，居全省第8位。登记技术合同成交额181.26亿元，较上年增长28.01%。

每名R&D人员仪器和设备支出为1.61万元，居全省第14位。科学研究和技术服务业平均工资比较系数为100.20%，居全省第6位。实际使用外资金额7.55亿美元，占GDP比重为1.71%，较上年提高0.19个百分点。

表3-15所示为2023年滨州市科技创新各级指标值和排名与上年比较情况。

表 3-15　2023 年滨州市科技创新各级指标值和排名与上年比较情况

指标名称	指标值 2022 年	指标值 2023 年	排名 2022 年	排名 2023 年
综合科技创新水平指数（%）	57.07	57.63	10	11
创新投入指数（%）	52.08	54.20	7	6
全社会 R&D 经费支出（亿元）	110.66	115.32	7	8
全社会 R&D 经费支出占 GDP 比重（%）	3.68	3.70	1	1
地方财政科技支出占一般公共预算支出的比重（%）	2.05	1.22	6	10
基础研究经费支出占 R&D 经费支出的比重（%）	1.27	1.77	12	11
R&D 人员全时当量（万人年）	2.33	2.68	8	8
每万名就业人员中研发人员数（人年）	112.54	127.57	7	7
R&D 人员中研究人员占比（%）	18.29	18.05	16	16
创新产出指数（%）	46.36	40.58	12	12
每亿元 GDP 技术合同成交额（万元）	471.21	581.18	7	3
每万人高价值发明专利拥有量（件）	3.83	4.95	8	8
万名研究人员科技论文数（篇）	2351.01	3115.06	12	8
每亿元 R&D 经费支出发明专利授权数（件）	9.05	9.19	15	15
高新技术产品出口值占商品出口总值比重（%）	7.17	4.68	7	10
企业创新指数（%）	79.36	74.73	9	8
规上工业企业 R&D 经费支出占营业收入比重（%）	1.03	1.09	14	14
规上工业企业 R&D 人员占规上工业企业从业人员比重（%）	11.21	10.51	6	4
有研发活动的规上工业企业数（家）	1048	753	9	9
有研发活动的规上工业企业占规上工业企业比重（%）	65.79	39.72	1	4
规上工业企业新产品销售收入（亿元）	3700.41	4048.86	4	4
规上工业企业新产品销售收入占营业收入比重（%）	36.91	41.94	8	10
每万名规上工业企业 R&D 人员发明专利拥有量（件）	1513.21	1596.09	16	15
高校和研究机构 R&D 经费内部支出中企业资金占比（%）	49.46	61.49	3	2
创新环境指数（%）	50.78	52.08	14	13
每名 R&D 人员仪器和设备支出（万元）	1.71	1.61	14	14
每万家企业法人单位中高新技术企业数（家）	45.48	61.68	14	14
科学研究和技术服务业平均工资比较系数（%）	101.21	100.20	6	6
实际使用外资金额占 GDP 比重（%）	1.52	1.71	10	2
享受研发费用加计扣除减免税政策的规上工业企业占规上工业企业的比重（%）	19.52	16.09	10	13
创新驱动指数（%）	54.14	64.94	10	12
全员劳动生产率（万元/人）	14.52	14.83	7	8
科学研究和技术服务业增加值占 GDP 比重（%）	1.57	1.60	8	9
"四新"经济增加值占 GDP 比重（%）	38.5	38.5	2	2
万元 GDP 综合能耗较上年降低率（%）	7.52	11.19	3	2
规上高新技术产业产值占规上工业产值比重（%）	40.88	41.43	13	14

十六、菏泽市

（一）科技创新发展情况

2023 年，菏泽市持续深化科技体制改革，加快建设高能级科创平台，科创能力不断增强。全社会研发投入持续增长，省级重点实验室、新型研发机构分别达到 3 家、7 家，菏泽市入选"2023—2025 年度创新驱动示范市（区）名单"。新签约重点产业引才项目 337 个，引进高端人才 374 人。新增国家级专精特新"小巨人"企业 4 家、省级专精特新企业 149 家、省级单项冠军企业 11 家。经综合评价，菏泽市综合科技创新水平指数为 45.15%，居全省第 16 位；与上年相比，提高 3.51 个百分点。

图 3-16 为 2023 年菏泽市一级评价指标指数与上年及全省平均水平比较情况。

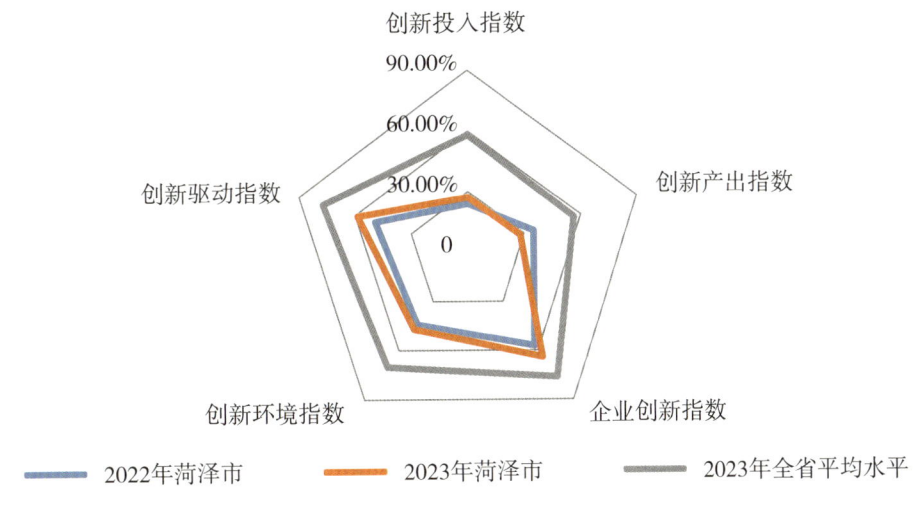

图 3-16　2023 年菏泽市一级评价指标指数与上年及全省平均水平比较情况

1. 科技创新优势指标分析

企业创新能力加快提升。2023 年，菏泽市企业创新指数为 63.89%，较上年提高 6.92 个百分点，居全省第 14 位。企业研发人员增速较快，规上工业企业 R&D 人员占规上工业企业从业人员比重较上年提高 1.21 个百分点，位次由第 11 位上升至全省第 7 位。有研发活动的规上工业企业占规上工业企业比重位次较上年上升 9 位至全省第 5 位。规上工业企业新产品销售收入大幅增长，增速居全省首位，达

68.28%，占营业收入比重位次较上年上升 2 位。高校和研究机构 R&D 经费内部支出中企业资金占比为 27.65%，居全省第 8 位。

创新驱动能力略有增强。2023 年，菏泽市创新驱动指数为 58.70%，较上年提高 9.27 个百分点，居全省第 15 位。"四新"经济增势良好，增加值占 GDP 比重较上年提高 1.9 个百分点，位次上升 1 位至全省第 13 位。科学研究和技术服务业增加值占 GDP 比重较上年提高 0.10 个百分点，居全省第 10 位。高新技术产业取得积极进展，规上高新技术产业产值占规上工业产值比重较上年提高 1.82 个百分点，居全省第 15 位。全员劳动生产率较上年增长 0.45 万元 / 人。

创新投入有所增加。2023 年，菏泽市创新投入指数为 27.35%，较上年提高 3.24 个百分点，居全省第 16 位。研发人员数量和质量进一步提升，R&D 人员全时当量较上年增长 52.17%，增速居全省首位，位次由第 14 位上升至全省第 11 位；R&D 人员中研究人员占比位次上升 1 位。研发经费快速增长，全社会 R&D 经费支出同比增速 48.97%，增速居全省首位，占 GDP 比重较上年提高 0.38 个百分点。

2. 科技创新劣势指标分析

研发经费投入强度偏低。2023 年，菏泽市全社会 R&D 经费支出占 GDP 比重、规上工业企业 R&D 经费支出占营业收入比重均居全省末位。需继续大幅提高研发经费投入规模，加大财政科技投入、鼓励企业研发创新，为产业结构优化、新旧动能转换注入强大动力。

专利产出水平有待提升。2023 年，菏泽市每万人高价值发明专利拥有量、每万名规上工业企业 R&D 人员发明专利拥有量排名全省末位。应围绕高价值专利产出，制定专项扶持政策，引导企业深度参与，打造创新联合体，力争快速实现排名进位。

企业培育力度仍需加大。2023 年，菏泽市应强化政府主导、企业主体、市场导向的协同机制，推动创新要素向企业集聚，加速形成创新驱动发展新动能，力争实现高企数量与产业竞争力整体跃升，为区域高质量发展注入核心引擎。

（二）创新发展主要指标及位次

2023 年，菏泽市地区生产总值（GDP）为 4464.49 亿元，居全省第 8 位。全员劳动生产率为 9.62 万元 / 人，居全省第 16 位。"四新"经济增加值占 GDP 比重为 30.7%，居全省第 13 位。万元 GDP 综合能耗较上年降低率为 5.35%，居全省第

10 位。

R&D 人员全时当量为 2.21 万人年，居全省第 11 位。每万名就业人员中研发人员数为 47.64 人年，居全省第 16 位。R&D 人员中研究人员占比为 28.62%，居全省第 8 位。规上工业企业 R&D 人员占规上工业企业从业人员比重为 10.26%，居全省第 7 位。

全社会 R&D 经费支出 57.58 亿元，较上年增长 48.97%，占 GDP 比重为 1.29%，较上年提高 0.38 个百分点，占比居全省第 16 位。基础研究经费支出 0.40 亿元，居全省第 14 位。地方财政科技支出为 4.51 亿元，较上年增长 0.01 亿元。规上工业企业 R&D 经费支出为 55.21 亿元，居全省第 15 位。高校和研究机构 R&D 经费内部支出中企业资金占比为 27.65%，居全省第 8 位。

每万家企业法人单位中高新技术企业数 45.11 家，居全省第 16 位。有研发活动的规上工业企业数为 1094 家，居全省第 4 位。规上高新技术产业产值占规上工业产值比重为 37.63%，居全省第 15 位。

每万人高价值发明专利拥有量为 1.74 件，居全省第 16 位。每亿元 R&D 经费支出发明专利授权数为 11.93 件，居全省第 12 位。规上工业企业发明专利拥有量为 2615 件，居全省第 15 位。万名研究人员科技论文数为 1426.99 篇，居全省第 15 位。登记技术合同成交额 197.25 亿元，较上年增长 100.21%。

每名 R&D 人员仪器和设备支出为 3.66 万元，居全省第 3 位。科学研究和技术服务业平均工资比较系数为 63.70%，居全省第 16 位。实际使用外资金额 5.54 亿美元，占 GDP 比重为 0.87%，较上年下降 0.11 个百分点。

表 3-16 所示为 2023 年菏泽市科技创新各级指标值和排名与上年比较情况。

表 3-16　2023 年菏泽市科技创新各级指标值和排名与上年比较情况

指标名称	指标值		排名	
	2022 年	2023 年	2022 年	2023 年
综合科技创新水平指数（%）	41.64	45.15	16	16
创新投入指数（%）	24.11	27.35	16	16
全社会 R&D 经费支出（亿元）	38.65	57.58	15	15
全社会 R&D 经费支出占 GDP 比重（%）	0.91	1.29	16	16
地方财政科技支出占一般公共预算支出的比重（%）	0.65	0.61	15	15
基础研究经费支出占 R&D 经费支出的比重（%）	1.42	0.69	10	14
R&D 人员全时当量（万人年）	1.45	2.21	14	11
每万名就业人员中研发人员数（人年）	31.37	47.64	16	16
R&D 人员中研究人员占比（%）	28.40	28.62	9	8
创新产出指数（%）	35.09	28.05	16	16
每亿元 GDP 技术合同成交额（万元）	232.07	441.82	16	12
每万人高价值发明专利拥有量（件）	1.26	1.74	16	16
万名研究人员科技论文数（篇）	1543.77	1426.99	15	15
每亿元 R&D 经费支出发明专利授权数（件）	13.14	11.93	10	12
高新技术产品出口值占商品出口总值比重（%）	4.49	4.33	12	12
企业创新指数（%）	56.97	63.89	16	14
规上工业企业 R&D 经费支出占营业收入比重（%）	0.62	0.83	16	16
规上工业企业 R&D 人员占规上工业企业从业人员比重（%）	9.06	10.26	11	7
有研发活动的规上工业企业数（家）	1112	1094	7	4
有研发活动的规上工业企业占规上工业企业比重（%）	44.98	39.62	14	5
规上工业企业新产品销售收入（亿元）	1422.87	2394.47	13	9
规上工业企业新产品销售收入占营业收入比重（%）	23.67	36.05	15	13
每万名规上工业企业 R&D 人员发明专利拥有量（件）	1558.22	1229.10	15	16
高校和研究机构 R&D 经费内部支出中企业资金占比（%）	14.29	27.65	15	8
创新环境指数（%）	43.79	46.64	16	16
每名 R&D 人员仪器和设备支出（万元）	3.45	3.66	2	3
每万家企业法人单位中高新技术企业数（家）	33.05	45.11	16	16
科学研究和技术服务业平均工资比较系数（%）	61.13	63.70	16	16
实际使用外资金额占 GDP 比重（%）	0.98	0.87	16	14
享受研发费用加计扣除减免税政策的规上工业企业占规上工业企业的比重（%）	9.99	9.02	16	16
创新驱动指数（%）	49.43	58.70	12	15
全员劳动生产率（万元/人）	9.17	9.62	16	16
科学研究和技术服务业增加值占 GDP 比重（%）	1.30	1.40	11	10
"四新"经济增加值占 GDP 比重（%）	28.8	30.7	14	13
万元 GDP 综合能耗较上年降低率（%）	5.48	5.35	7	10
规上高新技术产业产值占规上工业产值比重（%）	35.81	37.63	15	15